Timo Büchner

Der Begriff „Heimat“ in rechter Musik

Analysen – Hintergründe – Zusammenhänge

WOCHEN
SCHAU
VERLAG

Bibliografische Information der Deutschen Nationalbibliothek

Die Deutsche Nationalbibliothek verzeichnet diese Publikation in der Deutschen Nationalbibliografie; detaillierte bibliografische Daten sind im Internet unter http://dnb.d-nb.de abrufbar.

AMADEU
ANTONIO
STIFTUNG

www.wochenschau-verlag.de

Gesamtherstellung: Wochenschau Verlag
Gedruckt auf chlorfrei gebleichtem Papier
ISBN 978-3-7344-0899-1 (Buch)
E-Book ISBN 978-3-7344-0900-4 (PDF)

Inhalt

1. Heimat, eine Herausforderung

In der baden-württembergischen Provinz. Meine Kindheit und Jugend habe ich in einem 350-Seelen-Dorf verbracht. Es liegt in einem ruhigen Tal, durch das ein kleiner, schmaler Bach fließt. Das Dorf besitzt eine spärlich von Älteren besuchte Kirche und lebt von seinen Vereinen und Gemeinschaften. Manche davon, wie die Freiwillige Feuerwehr, gründeten sich im späten 19. und frühen 20. Jahrhundert, andere, wie der Freizeitverein, die Blaskapelle und der Fischereiverein, erst in den späten 1980er Jahren. Die lokale Infrastruktur – Pflegeheim, Arztpraxis, Schule und Kindergarten – ist bescheiden. Selten fährt ein Bus, weshalb ein Auto zur nächsten Bahn nötig ist, die in die größeren Städte der umliegenden Region fährt.

Die Zukunft vieler Häuser in der Hauptstraße ist ungewiss. Das Herzstück des Dorfes ist der Tante-Emma-Laden in meiner Nachbarschaft. Der Laden und der kleine Getränkemarkt um die Ecke versorgen die überwiegend älteren Einwohner*innen. An der Theke werden die neuesten Gerüchte ausgetauscht, denn die meisten Leute stammen aus dem Dorf und kennen sich seit Jahrzehnten. Ausgenommen: einige Menschen aus der ehemaligen Sowjetunion, die nach 1989 ins damalige, etwas abseits gelegene Neubaugebiet zogen.

Das Wahrzeichen des Dorfes ist das alte Rathaus, das bereits im frühen 16. Jahrhundert erbaut wurde. Die verhältnismäßig kleine, aber 100 Kilogramm schwere Glocke, die zwischen 1480 und 1530 in einer Nürnberger Glockengießerei gegossen wurde, ist das wertvollste Stück des historischen Gebäudes. Das Fachwerkhaus war bis Ende der 1950er Jahre das Rathaus des Dorfes, ehe das neue Rathaus errichtet wurde. Jedoch erfüllte das Gebäude in den Jahrhunderten zuvor mehrere Zwecke: Bauern schafften das gesammelte Getreide auf den Dachboden und sahen im Haus eine Lagerstätte für den Zehnt. Beamte sperrten gelegentlich Menschen wegen kleinerer Delikte zu einem mehrstündigen Arrest in eine eingerichtete Gefängniszelle. Das Gebäude liegt in meiner Nachbarschaft. Es wird vermutet, dass im Nationalsozialismus sogar Menschen aus der Sowjetunion in der Zelle eingesessen sind. Das verrät die kyrillische Schrift, die sich an der alten Gefängnistür befindet. In den 1840er Jahren verließen einige Menschen wegen Missernten und Hungersnöten ihr Zuhause, begaben sich auf die Suche nach einem besseren Leben und wanderten nach Amerika aus. Der Erste wagte bereits 1836 die Fahrt über das Meer, etliche Postkarten bezeugen die riskante Emigration der meist jungen Männer. Die Anzahl der Migrant*innen hing von Krieg und Frieden, Wohlstand und Armut ab: Nach dem Deutsch-Französischen Krieg 1870/71 nahm sie ab, in Zeiten der wirtschaftlichen Misere um 1880 stieg sie an. Das Dorf lebte über Jahrhunderte von der Landwirtschaft, selbst Gewerbetreibende und Handwerker*innen kümmerten sich nebenbei um ihre Äcker und ihr Vieh. Im Ersten und Zweiten Weltkrieg zogen Dutzende Männer in den Krieg und kämpften an der Front; einige gerieten in Kriegsgefangenschaft, einige starben. In den Jahrzehnten nach dem Zweiten Weltkrieg setzte der strukturelle Wandel ein. Fast alle gaben ihre Landwirtschaft auf: meine Großeltern, meine Nachbarn, die Bekannten meiner Eltern. Heute kann man die Bauern, Kühe und Schafe an einer Hand abzählen. Allerdings ist die Liste der Betriebe, die im Dorf ansässig sind, ziemlich lang.

Eine wechselvolle Geschichte

Die Einwohner*innen des Dorfes wählen seit Jahrzehnten konservativ: Bereits bei der Weimarer Nationalversammlung 1919 entfielen alle Wählerstimmen auf die Zentrumspartei. In den Reichstagswahlen der 1920er Jahre stimmten nur wenige für eine andere Partei: Das Zentrum errang fast alle Stimmen, die Bauernpartei wurde mit lediglich sieben Stimmen die zweitstärkste Partei. Das änderte sich bei der Reichstagswahl im Juli 1932 kaum: 184 Stimmen für die Zentrumspartei, zwei für die Deutsche Staatspartei, eine für die SPD und eine für die NSDAP. Selbst am 5. März 1933 errang das Zentrum 158 der

185 gültigen Stimmen, obwohl die Wahl im Reichsgebiet bereits von Übergriffen durch NSDAP-Mitglieder auf politische Gegner*innen geprägt war. Die NSDAP erhielt 24 Stimmen, das entsprach 13 Prozent der Stimmen. Im wenige Kilometer entfernten Nachbardorf erhielt sie das Doppelte, nämlich 26 Prozent.

Die Gewinne der NSDAP und die zunehmenden Eintritte in die nationalsozialistische Partei werden häufig mit der Konkurrenz der Selbstständigen innerhalb des Dorfes erklärt. Schließlich hatten mehrere Schuster*innen, Schreiner*innen und Schlosser*innen keine gesicherte Existenz und versprachen sich Hilfe durch die Wahl der NSDAP. Das eigene Wohl zählte. Ob die Partei antisemitisch gewesen ist und eine Politik befürwortete, die Arbeiter*innen feindlich gesinnt ist, blendeten sie aus. Zwar wurde der Bürgermeister des Dorfes nicht durch ein NSDAP-Mitglied ersetzt, jedoch wurde er mehrfach von der SA gedrängt, in die Partei einzutreten. Er wurde abgeholt, stundenlang verhört und der Gemeinde wurde gedroht, dass sie künftig keine Gelder erhalten würde. Örtliche NSDAP-Mitglieder versuchten zunehmend, Einfluss auf die Gemeindeverwaltung zu nehmen.

Der Einfluss machte sich in den folgenden Jahren bemerkbar: Ein Beschluss des Gemeinderats im September 1935 forderte, am Ortseingang ein Schild mit der Aufschrift „Juden unerwünscht!" anzubringen, der Gemeinderat untersagte der Verwaltung sämtliche Geschäfte mit Jüdinnen und Juden und legte fest, dass öffentliche Aufträge vorrangig an NSDAP-Mitglieder vergeben werden sollten. Wer das NS-Regime ablehnte, habe „keinen Anspruch auf Vergabe von gemeindlichen Aufträgen". Männer wie mein verstorbener Großvater wurden in der Hitlerjugend groß und kämpften in jungen Jahren in der Wehrmacht an der Front.

Im gesamten 20. Jahrhundert gab es kein jüdisches Leben im Dorf. Jüdinnen und Juden, die vor Ort lebten, verließen das Dorf bereits Jahrzehnte zuvor. In den umliegenden Orten hingegen gab es jüdische Gemeinden. Eine Synagoge wurde in den Nächten der Novemberpogrome 1938 verwüstet, ein wenig später wurden mehrere Jüdinnen und Juden ins französische Gurs deportiert und im Vernichtungslager Auschwitz ermordet.

Das Dorf blieb im Zweiten Weltkrieg von kriegerischen Handlungen und Zerstörungen verschont, Fliegeralarm und „Blindgänger" im nahegelegenen Wald blieben die Ausnahme. Durch die Kriegsbeteiligung der Männer fehlte deren Arbeitskraft in der Landwirtschaft. Diese wurde durch Zwangsarbeit kompensiert.

Die konservative Dominanz setzte sich nach Kriegsende fort. Einzig die christlich-soziale Union (später: CDU) reichte zur Gemeindewahl 1946 eine Wahlvorschlagsliste ein. Der neue Bürgermeister blieb mit seiner Wahl der alte; er stand der Gemeinde in drei Regierungsformen – der Weimarer Republik, der NS-Diktatur und der Bundesrepublik Deutschland – vor. In der deutschen Geschichte ist der Fall selten. In den Kreisrats- und Bundestagswahlen, die in den Jahren 1947 und 1949 folgten, setzte sich der Erfolg der CDU fort. In den Wahlen zum ersten Bundestag kam die *Notgemeinschaft der Vertriebenen und Entrechteten* mit 43 Stimmen nicht annähernd an die CDU heran, die über 200 Stimmen erzielte.

In den Nachkriegsjahren gingen Beamte von Haus zu Haus, listeten den vorhandenen Wohnraum nach Fläche, Anzahl der Räume sowie Personen auf und berechneten die Anzahl der Vertriebenen aus dem Osten, die vom Dorf aufgenommen werden sollten. 135 Geflüchtete, meist Frauen und Kinder aus Schlesien und Mähren, kamen bis 1946 in das kleine Dorf; sie machten rund ein Drittel der Einwohner*innen aus. Die größte Firma, die heute im Dorf tätig ist, hat ihre Ursprünge im früheren Österreich-Ungarn. Der Firmengründer kam mit seiner Familie nach dem Zweiten Weltkrieg aus Südmähren ins Dorf und setzte sein Gewerbe fort. Die Geschichte des Dorfes ist stets von Ein- und Auswanderung geprägt gewesen. Das Dorf durchlebte eine wechselvolle Geschichte. Menschen kamen und gingen.

Heimat zwischen Gestern, Heute und Morgen

Ein „Heimatsohn", wie er im Laufe der Jahre in unzähligen Zeitungsartikeln und Berichten der Lokalpresse genannt wurde, veröffentlichte in den 1980er Jahren ein umfassendes „Heimatbuch" und richtete im Ober- und Dachgeschoss des dörflichen Schulhauses ein „Heimatmuseum" ein.

Im Museum stellte er über 300 Gegenstände aus, die er in über 40 Jahren zusammengetragen hatte. Wenige Jahre später wurde eine zweistöckige Scheune mühevoll renoviert, um das Museum vom Schulhaus in die Scheune umzuräumen. Am „Heimatfest" zum Jubiläum des Dorfes wurde das Museum eröffnet. Der damalige Ortsvorsteher erklärte zur Einrichtung der Stube:

„Das Bewusstsein der Geschichte fördert die Verbundenheit der Menschen mit ihrer Heimat. So haben wir in einem neu renovierten Gebäude […] wieder unsere Heimatstube eingerichtet. Damit haben wir ein Zeichen gesetzt für die Zukunft und unsere Nachkommen, doch gleichzeitig unseren Vorfahren Reverenz erwiesen."

In den beiden großen Räumen im unteren Stockwerk befindet sich neben einer Vielzahl an alten Dokumenten, Büchern und vergilbten Postkarten mit Grüßen aus dem späten 19. Jahrhundert die Einrichtung einer damaligen Wohnung. Bett samt Kinderbettchen, mehrere niedrige und tiefe Schränke, allerlei Küchenutensilien, Öfen und Herde sowie ein Sammelsurium an alten Bügeleisen. In einem kleinen, etwas abgeschiedenen Raum wurden die einzelnen Werkzeuge der früheren Schuhmacherei – Steppmaschine, Beiß- und Zwickzangen, Randmesser, Wetzstahl und Stahlborsten – an den kahlen Wänden angebracht.

Im oberen Stockwerk erinnern hölzerne Schulbänke samt Schreibtafel, Kreide und entsprechenden Büchern an die Schule von damals. Die landwirtschaftlichen Maschinen, Geräte und Werkzeuge nehmen den meisten Platz in Anspruch. An den Wänden und Decken hängen Körnerschieber, Sicheln und Sensen, in der Mitte des geräumigen Dachbodens stehen Saateggen, Dreschflegel und Ochsengespanne.

Vor rund 20 Jahren war die letzte offizielle Öffnung der „Heimatstube", seitdem herrscht nahezu Stillstand. Es gründete sich ein Verein, der sich um das Museum kümmern möchte. Die Verantwortlichen wollen begleitete Führungen organisieren, in denen Maschinen, Geräte und Werkzeuge sowie deren Funktionsweise erklärt werden sollen, um der jungen Generation die damaligen Arbeiten näherzubringen. Dass ältere Einwohner*innen, die unter diesen Bedingungen gelebt haben, über ihre Arbeiten erzählen, ist nicht mehr allzu lange möglich. Die meisten sind gestorben. Im Vorwort seines „Heimatbuches" merkte der Chronist bereits zur Landwirtschaft an:

„Die altvertrauten bäuerlichen Arbeiten sind den meisten noch selbstverständlich, ihre Schilderung mag überflüssig erscheinen. In zwanzig Jahren wird aber vieles wie Grünkernmachen, Flachsbereitung noch mehr in undeutliche Vergangenheit gerückt sein."

Über 30 Jahre danach können sich tatsächlich die wenigsten Menschen vor Ort vorstellen, welche Maschinen, Geräte und Techniken vor 50 Jahren verwendet wurden und welche Kraft, Mühe und Geduld die Arbeit auf den Äckern erforderte. Für diejenigen, die sich heutzutage um die Pflege des Museums kümmern, stellt sich die Frage: Wie gehen wir, die lokale Bevölkerung, mit der Geschichte des Dorfes um? Wie kann verhindert werden, dass die Geschichte einer reaktionären Heimattümelei preisgegeben wird? Wie kann die Geschichte einer Gemeinde, in der sich die Menschen „heimisch" fühlen, konserviert und zugleich ein Heimatverständnis gepflegt werden, das alle Menschen, die in der Gemeinde wohnen und leben, unabhängig von Herkunft und Religion einschließt? Die Heimatdebatte in der Provinz ist in vielerlei Hinsicht eine Herausforderung.

Inklusiver und exklusiver Erzählstrang des Heimatbegriffs

Die Journalistin und Fernsehmoderatorin Dunja Hayali nannte Heimat im Buch „Haymatland" (2018) ein „intimes Wort", das ein „persönliches Geborgenheitsempfinden" beschreibt (Hayali

2018: 21). Ob Heimat ein Ort, ein Gefühl oder beides ist, wo Heimat entsteht und was Heimat stiftet, sind persönliche Fragen. Sie sind zu persönlich und zu privat, um sie pauschal mit „Deutschland“ beantworten zu können. In den Antworten stecken emotionale und menschliche Bedürfnisse wie Geborgenheit, Vertrautheit, sich Wohlfühlen und Zusammenhalt. Heimat könnte beispielsweise ein soziales Netz beschreiben. Entsprechend stellte der Jurist und Publizist Heribert Prantl fest: „Heimat ist das, was Halt gibt.“ (Prantl 2018: 223) Heimat ist keineswegs ein statischer Zustand, sondern ein aktiver, dynamischer, lebendiger Prozess (vgl. Zöller 2015: 164), der positive wie negative Erfahrungen kennt.

Solange man eine Heimat hat, ist sie selbstverständlich. Die meisten Menschen denken nicht über ihr Heimatverständnis nach, wenn sie nicht fehlt. Wenn sie abwesend ist, wird Heimat spürbar und geschätzt. Der Schriftsteller Bernhard Schlink behauptet gar, Orte würden erst durch persönliche Erinnerungen und Sehnsüchte zur Heimat. Sie sei eine Utopie (deutsch: Nicht-Ort), denn „das eigentliche Heimatgefühl ist das Heimweh“ (Schlink 2000: 32). Im Allgemeinen jedoch kann sie rückwärtsgewandt im Sinne von Heimweh und Nostalgie, vorwärtsgerichtet im Sinne von Idylle und Utopie verstanden werden (vgl. Zöller 2015: 172).

In der dörflichen Heimatdebatte wird vielfach eine wichtige Tatsache vernachlässigt: Ein und derselbe Mensch kann gleichzeitig mehrere Heimaten haben. Das gilt gleichermaßen für Menschen mit und ohne Migrationsgeschichte in den jüngsten Entwicklungen der eigenen Familie. So betonte Bundespräsident Frank-Walter Steinmeier in seiner viel beachteten Festrede zum Tag der Deutschen Einheit 2017: „Heimat gibt es auch im Plural. Ein Mensch kann mehr als eine Heimat haben und neue Heimat finden.“ (Spiegel Online, 3.10.2017)

Meist wird die Perspektive derjenigen, die entweder selbst eingewandert sind und/oder eingewanderte Menschen in der Familie haben, in der Debatte kaum bis gar nicht beachtet.

Stattdessen wird Heimat für eine politische Agenda instrumentalisiert und verkommt zum politischen Kampfbegriff. Das wird unter anderem deutlich, wenn sich Parteien von CSU über AfD bis NPD zur „Heimatpartei" erklären.

Die Geschichte des Heimatbegriffs kennt zwei Erzählstränge: Der *inklusive* Erzählstrang bietet Menschen unabhängig von Herkunft und religiöser Zugehörigkeit (mindestens) eine Heimat, der *exklusive* hingegen macht Heimat von Herkunft und religiöser Zugehörigkeit abhängig. Es handelt sich nach Einschätzung der Vorstandsvorsitzenden der Amadeu Antonio Stiftung Anetta Kahane um „zwei gegenläufige Erzählungen". Die Behauptung, Heimat sei „im Kern eine völkische Idee" (Ebermann 2019: 14), ist vor dem Hintergrund der beiden Erzählstränge einseitig. Ebenso verkürzt betrachtet ist die Behauptung, Heimat habe „schon immer die Sehnsucht nach einem bestimmten Ideal beschrieben: einer homogenen, christlichen weißen Gemeinschaft, in der Männer das Sagen haben, Frauen sich vor allem ums Kinderkriegen kümmern und andere Lebensrealitäten schlicht nicht vorkommen" (Aydemir/Yaghoobifarah 2019: 9). Beide Behauptungen berücksichtigen lediglich einen Erzählstrang. Die Botschaft des Buches „Eure Heimat ist unser Albtraum" (2019) ist dennoch wichtig. In Deutschland legt die weiße, christlich geprägte und von Männern dominierte Mehrheitsgesellschaft fest, wo das „Wir" endet und das „Ihr" beginnt. Aus meiner Sicht ist eine mutige, offensive, aber gleichzeitig kritische Auseinandersetzung mit der Frage nach Heimat nötig, weil wir uns mit den Worten Heribert Prantls „in einer Zeit der negativen Renaissance" (Prantl 2018: 339) befinden.

Deutschland-, europa- und weltweit greifen nationalistische und rassistische Parteien wie die AfD nach der Deutungshoheit über Zugehörigkeitsbegriffe wie Identität, Heimat und Kultur. Das exklusive Heimatverständnis, das mittlerweile eine beängstigende Dynamik gewonnen hat, ist gewiss ein „Albtraum vor allem für marginalisierte Gruppen" (Aydemir/Yaghoobifarah 2019: 10). Die beiden Herausgeberinnen des Buches stellen zu

Recht die Frage: „Will ich in einer Gesellschaft leben, die sich an völkischen Idealen sowie rassistischen, antisemitischen, sexistischen, heteronormativen und transfeindlichen Strukturen orientiert? Oder möchte ich Teil einer Gesellschaft sein, in der jedes Individuum, ob Schwarz und / oder jüdisch und / oder muslimisch und / oder Frau und / oder queer und / oder nicht-binär und / oder arm und / oder mit Behinderung gleichberechtigt ist?“

Unterschiedliche Spektren rechter Musik

Der gesellschaftliche Rechtsruck, der sich seit Jahren in der Bundesrepublik abzeichnet, macht vor der baden-württembergischen Provinz nicht halt. Die Stimmenanteile für die AfD nehmen zu, die Partei wird allmählich zur zweitstärksten Kraft in der Region. Die sozialdemokratischen und linken Stimmen verschwinden gänzlich.

Der Rechtsruck macht sich im Kleinen bemerkbar: Unmittelbar an die „Heimatstube“ grenzt das örtliche Jugendhaus. Meist treffen sich die Jugendlichen und jungen Erwachsenen aus dem Dorf am Wochenende, um gemeinsam zu feiern, zu trinken und Musik zu hören. Über Jahre hinweg wurden Jugendliche durch Musik sozialisiert, die neben üblichen Metal- und Rockbands von Frei.Wild und Krawallbrüder bis Landser und Zillertaler Türkenjäger reicht. In den vergangenen Jahren verstärkt sich diese Entwicklung. Es ist, drastisch formuliert, eine schleichende Raumnahme durch einige Rechte zu beobachten, die sich zwischen AfD und NPD positionieren und gemeinsam mit Gleichgesinnten aus den umliegenden Dörfern feiern.

Entsprechend radikalisiert sich die Musik, die im Jugendtreff läuft. Im Jugendtreff verkehren heute diejenigen, die sich in der Zukunft wohl um die Pflege der benachbarten „Heimatstube“ kümmern werden. Wie sie über Heimat denken und was sie damit verbinden, hängt mit den Erfahrungen zusammen, die sie in jungen Jahren mit ihrer Peergroup, die sich im Dorf versammelt, machen. Die Musik, die sie im Jugendhaus, auf dem Weg zur Schule und zu Hause hören, ist die Grundlage der Sozialisation, die sie erfahren. In der Musik wird verhandelt, was Heimat sein soll. Die Jugendlichen dieses Dorfes stehen für eine Vielzahl an Jugendlichen, die eine ähnliche Sozialisation erleben. Im Alltag junger Menschen spielt das Musikhören eine wichtige Rolle. Die Musik ist allgegenwärtig und begleitet sie oftmals von frühmorgens bis spätabends, schließlich bietet sie Orientierung und hat in der heutigen Gesellschaft eine „soziale Funktion" (Tröndle 2003). Sie formt und verfestigt zunehmend die eigene Identität. Es ist ein „Vergnügen der Identifikation", das junge Menschen nutzen, um sich „einen bestimmten Platz in der Gesellschaft zu schaffen". Im unmittelbaren Freundeskreis wird die Musik konsumiert, man profiliert und positioniert sich. Dadurch gewinnen rechte Einstellungen allmählich die Oberhand. Das lässt sich am Beispiel des Jugendhauses hautnah beobachten. In der Betrachtung rechter Musik sind mehrere Spektren zu unterscheiden:

- Rechtsrock ist die Musik des neonazistischen Spektrums. Er zeichnet sich durch seine extrem rechten Botschaften aus (vgl. Raabe 2019: 19). Antisemitismus, die Verherrlichung des historischen Nationalsozialismus und der Wunsch nach einer Rechtsdiktatur spielen neben Rassismus und Nationalismus sowie Sexismus und Homophobie eine wesentliche Rolle. Ob eine Band in das neonazistische Spektrum des Rechtsrock gerechnet wird, hängt davon ab, ob sich die extrem rechte Ideologie in der Gesamtheit der Liedtexte einer Band verdichtet. Ein singulärer Liedtext ist nicht entscheidend (vgl. Langebach/Raabe 2013). Der Rechtsrock-Begriff stammt aus dem Sammelband „RechtsRock. Bestandsaufnahme und Gegenstrategien" (2002). Rechtsrock bildet „keinen eigenständigen Musikstil" (Dornbusch/Raabe 2002: 9). Stattdessen bedient er sich unterschiedlicher Musikstile wie Rock, Hardcore, Black Metal und Hip-Hop/Rap, um extrem rechte Inhalte zu transportieren. Im Spektrum neonazistischer Musik ist der Liedermacher Frank Rennicke wohl einer der erfolgreichsten Musiker*innen. Das Heimatverständnis der Neonazi-Szene wird in seinen Liedtexten besonders deutlich. In der organisierten Neonazi-Szene ist Rennicke seit mehreren Jahrzehnten unterwegs: In jungen Jahren begleitete er Veranstaltungen der extrem rechten Wiking-Jugend. Heute tritt er regelmäßig im Rahmen von NPD-Versammlungen, aber auch auf den Bühnen von Großveranstaltungen der Neonazi-Szene auf. Mit seinen Balladen erreicht der Liedermacher sowohl Junge als auch Alte, deshalb ist er eine wichtige, oftmals unterschätzte Integrationsfigur der extremen Rechten.

- Die Haltung zum Nationalsozialismus ist die wichtigste Unterscheidung zwischen der Musik des neonazistischen und neurechten Spektrums. Während Rechtsrock-Bands üblicherweise das NS-System Hitlers verherrlichen und sich eine neue Rechtsdiktatur wünschen, lehnen neurechte Musiker*innen den historischen Nationalsozialismus ab. Was die beiden Spektren jedoch eint, ist ein exklusives, völkisches Heimat- und Volksverständnis. Die Neue Rechte greift ebenso wie die Neonazi-Szene auf vorhandene Musikstile zurück. Die Rapper Komplott und Chris Ares sind die ersten Rapper, die aus den Reihen der Identitären Bewegung stammen und mittels Rap versuchen, ihre Botschaften einem jungen Publikum zu vermitteln. Sie sind fest in das neurechte Netzwerk von AfD bis Identitäre eingebunden. Ihre Alben und EPs werden finanziell durch das einflussreiche Kampagnenprojekt Ein Prozent unterstützt. Nachdem die Neonazi-Szene ab Ende der 1970er Jahre eine Rechtsrock-Szene aufbauen und etablieren konnte, könnte sich in der Neuen Rechten durchaus eine ähnliche Entwicklung anbahnen. Die Tapes der beiden Rapper sind die ersten Versuche der Neuen Rechten, Musik und Jugendkultur mit ihren Inhalten zu besetzen. Daher ist ein besonderes Augenmerk auf deren Liedtexte erforderlich.
- Das vermeintlich unpolitische Spektrum knüpft an das exklusive, völkische Heimat- und Volksverständnis der Neuen

und extremen Rechten an: Die Südtiroler Deutschrock-Band Frei.Wild feiert seit etwa zehn Jahren unzählige Erfolge. Die Studioalben erreichen Platz 1 der deutschen Albumcharts und die Tourneen, die die Musiker in Deutschland spielen, sind ausverkauft. Unter Jugendlichen genießt die Band eine erhebliche Popularität, die Lieder begleiten die Jugend unzähliger Menschen. Die inhaltliche Kritik, die am Heimat- und Volksverständnis der Band geübt wird, versuchen die Musiker zu immunisieren, indem sie völkische Positionen als angeboren, natürlich und unpolitisch darstellen. In Anbetracht der deutschen Geschichte, in der Begriffe wie Heimat und Volk als völkische Kategorien gedacht wurden, ist die „Politik des Unpolitischen" (Heribert Schiedel) und die Behauptung, Heimat sei unpolitisch, brandgefährlich. Die politischen Botschaften der Band werden dadurch kaum hinterfragt und unreflektiert angenommen. Die Heimatdebatte, die in der Gesellschaft im Zuge der zunehmenden Bedeutung der AfD einsetzte, wurde in der Musik bereits mehrere Jahre vor Gründung der Partei durch Bands wie Frei.Wild vorangetrieben. „Wahre Werte" (2010), eines der wichtigsten Lieder der Bandgeschichte, machte Heimat bereits im Jahr des Sarrazin-Bestsellers „Deutschland schafft sich ab" zum Thema. Seitdem lässt sich eine „Sarrazinisierung des Popdiskurses" (Thorsten Hindrichs) beobachten.

Die Musik der drei Spektren innerhalb der politischen Rechten – das vermeintlich unpolitische, das neurechte und das extrem rechte Spektrum – eint ein exklusives, völkisches Heimatverständnis. Ob Frei.Wild, Komplott oder Frank Rennicke: Sie laden Heimat völkisch auf und instrumentalisieren den Begriff für ihre politische Agenda. Das zeigt eine detaillierte Untersuchung der Liedtexte.

2. „Wie hältst Du's mit der Heimat?" Zur Aktualität und Geschichte des Begriffs

Die Frage „Wie hältst Du's mit der Heimat?" ist nach Einschätzung des Publizisten Christian Schüle die „Gretchenfrage der Epoche" (Schüle 2017: 14). Ein kurzer Blick in die Nachrichten genügt, um festzustellen, dass diese Frage mit den „drängendsten Problemen unserer Tage" in Verbindung steht: Krieg und Frieden, Flucht und Migration, Bleiberecht und Abschiebung. Geflüchtete haben ihr Zuhause verloren, sie mussten es unter den Trümmern des Bürgerkriegs begraben. Ihr neues Zuhause, nach dem sie verzweifelt auf der Suche sind, haben sie noch nicht gefunden. Mit der Flucht geben sie ihr Zuhause auf, sie begeben sich ins Exil und befinden sich fortan in einem Zustand der Unsicherheit. Der Exodus führt ins Ungewisse.

Nach Ende des Zweiten Weltkrieges wollten die 50 Gründungsstaaten der Vereinten Nationen (UN) die Menschheit vor der „Geißel des Krieges" bewahren. Voller Hoffnung und Zuversicht schrieben sie in ihrer mühsam verhandelten, im Oktober 1945 in Kraft getretenen Charta, den „Weltfrieden und die internationale Sicherheit" (Artikel 1) gemeinsam schützen zu wollen. In Anbetracht der kalten und heißen Kriege, die bereits wenige Jahre nach Ende des Zweiten Weltkrieges mit dem Koreakrieg in den 1950er Jahren einsetzten und bis heute Afghanistan, Südsudan und Syrien schwächen, fällt das Urteil über 70 Jahre nach Gründung der UN ernüchternd aus: Weltweit sind über 65 Millionen Menschen auf der Flucht, nach Angaben des Hohen Flüchtlingskommissars der Vereinten Nationen (UNHCR) flohen sie vor Krieg, Verfolgung oder schweren Menschenrechtsverletzungen. Flucht und Migration ist das „beherrschende Phänomen unserer Epoche" (Schüle 2017: 82).

Aus den einst friedlichen Demonstrationen in Syrien, in denen unzählige Menschen für ein freies, selbstbestimmtes Leben und für eine demokratische, rechtsstaatliche Gesellschaft auf die

Straße gingen, entbrannte 2011 bereits nach wenigen Monaten ein religiös-politischer Bürgerkrieg zwischen Assads Militär und Polizei, der Freien Syrischen Armee, die sich aus Tausenden desertierten Soldat*innen rekrutierte, und islamistischen Rebellenmilizen wie Ahrar al-Scham (vgl. Schulte von Drach, 12.4.2018). Der Bürgerkrieg, der Häuser zerbombt, Familien zerrissen und weit über fünf Millionen Menschen zur Flucht aus ihrer Heimat gezwungen hat, in der sie geboren und aufgewachsen sind, ist zum Schlachtfeld sicherheits- und machtpolitischer Interessen geworden, an dem sich Russland und der Iran, die USA und Israel, die Türkei und der IS beteiligen.

Die meisten Menschen, die ihr Zuhause verlassen müssen, sind Kinder, Jugendliche und junge Erwachsene, die ihre Familie verloren haben und fortan auf sich gestellt sind. Bereits Ende 2012 registrierte der UNHCR eine halbe Million Syrer*innen außerhalb des Landes als Geflüchtete, sie hielten sich größtenteils in benachbarten Staaten wie der Türkei, dem Libanon und Jordanien auf. Viele Menschen versuchten, ihre Flucht in Richtung Europa fortzusetzen, und gelangten entweder auf Booten über das Mittelmeer oder schlugen sich durch (süd-)osteuropäische Staaten wie Bulgarien, Rumänien und Ungarn. Ein halbes Jahrzehnt später zählen die UN etwa 5,5 Millionen Syrer*innen, die ihr Zuhause verlassen mussten (UNHCR, 19.06.2017). Die Ereignisse des Bürgerkriegs zeigen die Ohnmacht und Hilflosigkeit der UN, die im Namen der Weltgemeinschaft, im Namen von mehreren Milliarden Menschen in 193 Staaten dieser Erde handelt. Eine Filmspur zieht vor unseren Augen vorbei: Die syrische Armee wirft Fassbomben ab und legt ganze Stadtviertel in Schutt und Asche, sie greift etliche Städte und Dörfer an und verübt Massaker mit Hunderten Toten; der IS bekämpft die Truppen des Assad-Regimes, die Freie Syrische Armee und Kurd*innen, er verbreitet Angst und Schrecken mit Enthauptungen und Kreuzigungen von Alawit*innen und Christ*innen; gestern wurden Landstriche und Regionen von IS-Terroristen, heute von der Freien Syrischen Armee und morgen von Assads

Truppen kontrolliert; laut Amnesty International wurden auf Befehl des Assad-Regimes über Jahre hinweg Tausende Menschen ohne rechtsstaatliches Verfahren in Massenhinrichtungen gehenkt; die Türkei marschiert in die von Kurd*innen kontrollierte Stadt Afrīn ein und startet mit der Militäroffensive Operation Olivenzweig kompromisslose Angriffe türkischer Kampfflugzeuge auf die syrische Stadt; NGOs werfen allen beteiligten Bürgerkriegsparteien massive Kriegsverbrechen vor und melden Angriffe mit Chemiewaffen in der Stadt Dūmā; internationale Syrien-Friedenskonferenzen und Waffenruhen, die Friedensgespräche ermöglichen sollen, scheitern.

Bürgerkrieg und traumatische Fluchterlebnisse

Die nackten Zahlen und Daten des syrischen Bürgerkriegs können nicht das beschreiben, was sich vor Ort in einzelnen Städten und Dörfern wie Ḥlab, Ḥimṣ und Ar-Raqqah ereignete. Erst bewegte Bilder und die persönliche Begegnung mit Menschen, die über ihre gesammelten Erlebnisse in Syrien erzählen, vermitteln einen Eindruck, wie grausam und wie unmenschlich dieser Konflikt tatsächlich ist.

Khaled Rawas und seine Frau Abeer, zwei junge Menschen aus der syrischen Hauptstadt Damaskus, nahmen 2011 an den friedlichen Demonstrationen gegen das autoritäre, seit Jahrzehnten herrschende Assad-Regime teil. Nach monatelangen Protesten in Tunesien und Ägypten blühte der Arabische Frühling im Januar und Februar 2011 auch in zahlreichen Städten Syriens auf. Erste Demonstrationen endeten mit der Verhaftung von Aktivist*innen der Opposition, im März eskalierten die Proteste und erste Demonstrant*innen wurden durch die Behörden des Assad-Regimes getötet. Bereits im April 2011 flohen Hunderte Menschen aus Syrien in die angrenzende Türkei und den Libanon, nach wenigen Monaten des Konflikts wurden in der Türkei erste Camps für Geflüchtete errichtet. In Deutschland suchten bereits 2011 circa 2.600 Syrer*innen Asyl. Dennoch habe sie der Widerstand gegen die autokratische Herrschaft glücklich gemacht, erzählen sie in der Dokumentation „Zeugen gegen Assad. Die Suche nach Gerechtigkeit für Syrien“. Mit dem Arabischen Frühling und der sich anbahnenden Revolution habe sich ein Traum für die beiden erfüllt. Nachdem das Regime seine Waffen auf die friedlichen Demonstrant*innen richtete und Dutzende Menschen auf den Straßen von Ḥimṣ und Darʿā ihr Leben verloren hatten, färbten sie unzählige Brunnen in der syrischen Hauptstadt mit roter Farbe. Sie versuchten, mit einfachen, ausdrucksstarken Formen des Protests, die sie nicht unmittelbar zur Zielscheibe des Regimes machten, auf das Unrecht aufmerksam zu machen. Denn die beiden ahnten bereits, wie gefährlich ihre Beteiligung an der Revolution werden könnte. Nach kurzer Zeit standen sie dennoch auf der Fahndungsliste des syrischen Geheimdienstes und wurden Ende 2011 von Funktionär*innen des Assad-Regimes verhaftet. Sie landeten in der gefürchteten Abteilung 215, in der viele Demonstrant*innen der Revolution eingesperrt und gefoltert wurden.

Khaled und Abeer flohen 2015 nach Deutschland, mittlerweile wurden sie als „politische Flüchtlinge“ anerkannt und legten Zeugnis in der Bundesrepublik über die Verbrechen des syrischen Regimes ab. Über die Art und Weise, wie er gefoltert wurde, und über das Leid, das er erfahren hat, möchte Khaled nicht sprechen, denn das würde ihm seine grausamen Erlebnisse erneut vergegenwärtigen. Jedoch erzählt er, wie er gezwungen wurde, sich die Folter von anderen Gefangenen anzuschauen. Mit einer Kette, an deren Enden lange, spitze Haken angebracht waren, schlugen sie auf den Rücken der Gefangenen ein; Khaled konnte sehen, wie das Fleisch aus den Körpern gerissen wurde. Das sind die schlimmsten Bilder, die er gesehen hat und die ihn bis heute beschäftigen. Khaleds Frau Abeer wurde ebenfalls über Monate hinweg in der berüchtigten Abteilung des syrischen Geheimdienstes eingesperrt und gefoltert. „Jeder, den ich im Gefängnis getroffen habe, wurde gefoltert“, erzählt sie.

Khaled und Abeer haben überlebt, aber in den Gefängnissen des Assad-Regimes sterben Tausende Menschen an Folter,

Hunger und den elenden Haftbedingungen. Menschenrechtsaktivist*innen zufolge sind etwa 100.000 Menschen auf Befehl der syrischen Regierung entweder in Gefangenschaft oder verschleppt. Die Folgen für Geflüchtete wie Khaled und Abeer, die das Martyrium im syrischen Gefängnis überlebt haben, sind dramatisch. Das, was sich seit Jahren auf dem Schlachtfeld Syriens abspielt, reicht von physischer Gewalt wie Waffenbeschuss, Vergewaltigung und das erzwungene Miterleben von Gewalttaten bis zur psychischen Gewalt wie Folter, Scheinexekutionen und Todesdrohungen. Im Falle Khaleds war das gezwungene Zuschauen der Folter selbst eine Folter, die ihn noch heute verfolgt.

Wer solche und ähnliche Erfahrungen gemacht hat und psychisch erkrankt ist, erlebt die traumatische Situation stets aufs Neue – meist in Form von Albträumen, blitzartigen Bildern und filmartigen Szenen, die sich immer wieder vor ihren Augen abspielen. Die Betroffenen erleben die Erinnerungen so intensiv, als würde sich das Erlebnis erneut ereignen. Eine Vielzahl der Geflüchteten klagt über Depressionen, hat tägliche Angst- und Panikattacken, fürchtet sich vor Menschenmassen und traut sich beispielsweise nicht, öffentliche Verkehrsmittel zu benutzen.

Die Dokumentation zeigt, wie Khaled und Abeer gemeinsam mit weiteren Zeug*innen der Folter und den beiden Anwälten Mazen Darwish und Anwar Al-Bounni, die selbst in Syrien verhaftet und mehrere Jahre in ihrer Haft gefoltert wurden, eine Strafanzeige wegen Kriegsverbrechen und Verbrechen gegen die Menschlichkeit beim Generalbundesanwalt in Deutschland erstatteten. Sie wollen die Täter*innen des Regimes zur Rechenschaft ziehen, indem sie sich auf das 2002 in Kraft getretene „Weltrechtsprinzip" beziehen. Das Prinzip erlaubt, in Syrien begangene Verbrechen gegen die Menschlichkeit in der Bundesrepublik zu ahnden. Die Anwälte wenden sich ausdrücklich gegen die Chefs des Geheimdienstes, denn sie wüssten alles, was in den Abteilungen der Gefängnisse geschehe, und würden nichts gegen die Folter unternehmen.

Khaled und Abeer wollen sich, ihrer kleinen Tochter Yasmina und allen Menschen vor Ort, die ihr Leben für die Ideale des Arabischen Frühlings opferten und bis heute opfern, beweisen, dass sie nicht kapitulieren, und sich entschlossen für Freiheit und Demokratie einsetzen. In den Strafanzeigen, die sie in Deutschland gegen die Verantwortlichen des Assad-Regimes einreichen, sehen sie ein wichtiges Signal und zugleich einen wichtigen Beitrag zur Revolution, denn die Suche nach Gerechtigkeit stand Khaled und Abeer zufolge von Beginn an im Vordergrund ihres Handelns. In der Reportage schildert Khaled, während er seine letzten Taschen und Kissen in einen weißen, voll beladenen Lieferwagen packt, dass er in den vergangenen paar Jahren durch die Flucht aus Syrien und seine Ankunft in Deutschland bereits acht Mal umgezogen sei. Die Frage der Reporterin, wo und was seine Heimat sei, wirft ihn sichtlich aus der Bahn. Khaled überlegt einen Moment, atmet tief durch und erzählt ihr ein wenig zögerlich, er habe bis heute keine eindeutige Antwort auf diese Frage. Bevor er die Türen des Sprinters schließt, sagt er in unentschlossenem Ton, seine Heimat sei dort, wo er am Ende sein Ziel finden werde. Weniger seine tatsächliche Antwort, eher seine erstaunte, wohlüberlegte Reaktion auf diese Frage zeigt, welche Gedanken sich in seinem Kopf abspielen, sobald sich Menschen, die eine Fluchterfahrung gemacht haben, auf die Suche nach ihrer Heimat begeben.

Für Menschen wie Khaled und Abeer, die ihr gewohntes Umfeld, ihre Familie und ihren Freundeskreis in Syrien vor Bürgerkrieg und Terror verlassen mussten, sind die belastenden Kriegserfahrungen und traumatischen Fluchterlebnisse nicht die einzigen Herausforderungen: Zwar setzen sich in der Bundesrepublik viele Menschen aus Humanismus und politischer Überzeugung für Geflüchtete und deren Rechte ein und sorgen im Rahmen ihrer Möglichkeiten für eine empathische, solidarische Willkommenskultur. Jedoch hegen rund 20 Prozent der Deutschen ausgeprägte Vorurteile und Ressentiments gegen Migrant*innen. Innerhalb von wenigen Jahren ist das gesellschaftliche Klima verroht, die rechte Gewalt ist explodiert. Nach ihrer Ankunft in Deutschland sind Geflüchtete mit Rassismus konfrontiert, der sich im Alltag häufig durch Anfeindungen und gewalttätige Angriffe vonseiten der einheimischen Bevölkerung bemerkbar macht. Ein Teil der Deutschen hat sich im Verlauf der letzten Jahre wortwörtlich „in Rage und Gewalt treiben lassen" (Röpke 2018: 12). Für Migrant*innen und Geflüchtete entsteht ein Zustand der Unsicherheit und Angst, weshalb das Ankommen deutlich erschwert wird. Wie soll Deutschland für diese Menschen eine Heimat werden, in der sie sich geborgen und sicher fühlen?

Asyl und rassistisch motivierte Pogrome

Im November 2013 organisierten Neonazis in der sächsischen Kleinstadt Schneeberg eine Demonstration gegen Geflüchtete, an der sich fast 2.000 Menschen beteiligten. Das Motto lautete: „Schneeberg wehrt sich gegen Asylmissbrauch". Nach Schneeberg intensivierte die extreme Rechte ihr Vorgehen erheblich, die sächsische NPD veranstaltete im März 2014 eine Aktionswoche, in der sie Kundgebungen gegen Geflüchtete in mehreren Städten und Gemeinden durchführte. Die Kundgebungen, die teilweise unmittelbar vor den Wohnheimen für Geflüchtete stattgefunden haben, trugen das bezeichnende Motto: „Heimat schützen – Asylmissbrauch bekämpfen". In den darauffolgenden Monaten und Jahren schlossen sich eine Reihe an gewalttätigen Ausschreitungen gegen Geflüchtete an.

Die Orte Tröglitz, Freital und Heidenau stehen stellvertretend für die lange Liste von Gemeinden und Städten, in denen über Monate hinweg ein gewalttätiger Widerstand gegen die Unterbringung von Geflüchteten organisiert wurde. Die brutale Gewalt erinnerte an die rassistisch motivierten Pogrome in Hoyerswerda, Rostock-Lichtenhagen, Mölln und Solingen, die die bundesdeutsche Asyldebatte nach der Einigung 1989/90 befeuerten und mehrere Todesopfer forderten. Viele Menschen, die damals vor Ort gewesen sind und die schrecklichen Ereignisse miterlebt haben, fühlten sich in die Nachwendezeit zurückversetzt.

Im Kontext dieser Geschehnisse stellte die Rechtsextremismus-Expertin Andrea Röpke die Frage: „Was passiert in Deutschland, wenn die Wirtschaft nicht mehr boomt, wenn wirklich eine Krise droht?" (Röpke 2018: 12) Schließlich geschahen die Pogrome von Hoyerswerda und Heidenau in Zeiten, in denen Deutschland eines der reichsten Länder gewesen und das Leben der meisten Menschen gesichert ist. Es gibt in der Bundesrepublik kein einheitliches Monitoring rechter Gewalt. Staatliche Behörden veröffentlichen einzig polizeiliche Kriminalstatistiken, die keine Fallbeschreibungen enthalten. Daher sind zivilgesellschaftliche Institutionen und Opferberatungsstellen wichtige Adressen, um detaillierte Informationen über Einzelfälle rechter Gewalt zu erhalten. Schließlich enthalten deren Chroniken kurze Tatbeschreibungen der Fälle. Es ist eine mühsame und kleinteilige Arbeit, das Mosaik der psychischen und physischen Gewalt gegen Geflüchtete in ein Bild zusammenzufügen. Am Ende spiegeln die gesammelten Taten lediglich einen kleinen Ausschnitt der Realität wider. Die Chroniken bieten keine vollständige, umfassende Darstellung rechter Gewalt in der Bundesrepublik. Die Amadeu Antonio Stiftung und Pro Asyl, die sich über Jahrzehnte hinweg für eine menschliche Asylpolitik engagieren, dokumentieren in ihrer „Chronik flüchtlingsfeindlicher Vorfälle" unzählige Fälle, die sich gegen Geflüchtete und deren Wohnheime richteten. Röpke, die in den vergangenen Jahren fundierte Chroniken rechter Gewalt veröffentlichte und darin die tragischen Schicksale einzelner Geflüchteter in beklemmenden Reportagen erzählte, schrieb: „Der Trend ist rückläufig, weil es weniger Einrichtungen gibt und kaum noch neue bezogen werden. Doch Ressentiments, Ablehnung und Übergriffe gegen Migranten und Geflüchtete reißen in Deutschland nicht ab." (Röpke 2018: 9)

Das brutale Vorgehen der Täter*innen ist kennzeichnend für viele Angriffe, die sich im Laufe der letzten Jahre ereigneten.

In den Chroniken befinden sich viele Angriffe, die mit Messern und Schusswaffen begangen wurden. Zudem sind zahlreiche Brandanschläge und Sprengstoffattentate auf Wohnheime für Geflüchtete dokumentiert. Die Gewalttäter*innen, die sich oftmals als die „Speerspitze des Volkes" (Röpke 2017: 13) sehen, sind der Überzeugung, sie beschützten das „deutsche Volk" durch ihre Angriffe. Die Selbstjustiz sei gerechtfertigt, die ergriffenen Maßnahmen seien bloße Notwehr. Denn der Staat schütze die Deutschen vor der angeblichen „Invasion" durch Migrant*innen und Geflüchtete nicht mehr ausreichend und angemessen. Jeden Tag geschehen etwa fünf rechte Gewalttaten in Deutschland. In vielen Fällen hätten die Opfer die Angriffe fast nicht überlebt. Mit den Zahlen und Daten zur rechten Gewalt gegen Geflüchtete verhält es sich ähnlich wie mit den Zahlen und Daten zum syrischen Bürgerkrieg: Es sind und bleiben nur Zahlen und Daten, die nichts über die Einzelfälle erzählen.

Qualvolle Geschichten

Die Geschichte des Pakistani Zia Z., der in seinem Leben bereits mehrfach knapp dem Tod entronnen und wahrlich ein „Überlebenskünstler" (Röpke 2018: 194) ist, gibt Einblicke in ein besonders drastisches Beispiel für das Leid, das Geflüchtete teilweise in ihrem Herkunftsland, aber auch nach ihrer Ankunft in Deutschland erfahren. Es ist die qualvolle Geschichte eines „Hybriden" (Zöller 2015: 119). Nachdem er in Pakistan aus politischen Motiven verfolgt worden war, ist er in Deutschland erneut verfolgt worden. „Hybride" sitzen zwischen den Stühlen.

Zias leidvolle Geschichte beginnt im Sommer 2007: Rekrutierer der islamistischen, mit Al-Qaida verbündeten Miliz Laschkar-e Taiba sprachen ihn inmitten seiner Prüfungsphase für sein Lehramtsstudium an der Universität Hafizabad im Norden Pakistans an und versuchten, ihn als Selbstmordattentäter anzuwerben. Der 25-jährige Student lehnte entschieden ab. Die „Armee der Reinen", die einen unabhängigen, islamistischen Staat im Süden Asiens anstrebt, verübt bereits seit eineinhalb

Jahrzehnten massive Terrorattentate zur „Befreiung" der Muslim*innen, die in der indischen Provinz Kaschmir leben. Nachdem Zia drei Tage später seine letzte schriftliche Prüfung beendet hatte, warteten drei Männer am Ausgang des Prüfungsraums, zerrten ihn in ein wartendes Auto und fuhren in einen abgelegenen Wald. Die Männer folterten ihn, auf jedes „Nein" folgte ein kurzer, schneller Schnitt mit einem Messer. Die Narben in seinem Gesicht erinnern ihn bis heute an seine Erlebnisse von damals. Die Täter drohten ihm: Sollte er zur Polizei gehen und Anzeige erstatten, würden sie ihn töten. Er schwieg, aus Angst. Seit seiner Entführung erlebte er mehrfach Situationen, in denen er daran erinnert wurde, dass die Entführer sein entschiedenes „Nein" nicht vergessen haben.

Nachdem Zia einige Jahre später einen Freund in seiner Wohnung in Hafizabad besucht und am Abend vor dem Nachbarhaus seine drei damaligen Entführer erkannt hatte, überwand er seine Angst und meldete sich bei der Polizei. Drei Tage später klingelte sein Handy im Unterricht und eine unbekannte Stimme drohte ihm erneut mit dem Tod. In der Computerschule passten ihn die drei Männer am Tag darauf ab und schlugen vor den Augen des Direktors mit Fäusten und Gewehrkolben auf Zia ein. Um die Polizei zur Aufnahme seiner Anzeige gegen die drei Männer der „Armee der Reinen" zu zwingen, suchte er sich einen Anwalt. Auf dem Weg zum Gericht wurden die beiden von drei maskierten, bewaffneten Männern verfolgt, die auf sie zielten und schossen. Sie überlebten beide unverletzt. Am Ende riet ihm der Anwalt, er solle das Land verlassen.

Zia tauchte unter und landete nach scheinbar endlosen Fußmärschen und Fahrten in stickigen Lastwägen in der sächsischen Zentralen Aufnahmestelle für Asylsuchende. Nachdem er rund ein Jahr in einer Gemeinschaftsunterkunft in der Sächsischen Schweiz auf seine Anhörung gewartet und seine Erlebnisse geschildert hatte, lehnte das Bundesamt für Migration seinen Antrag auf politisches Asyl als „unbegründet" ab. Er hatte sich mithilfe von ehrenamtlichen Helfer*innen bemüht, die deutsche Sprache zu erlernen, um sich bei einer Zeitarbeitsfirma zu bewerben, und erhielt schließlich eine befristete Arbeitsgenehmigung: Im sachsen-anhaltinischen Zerbst, zwischen Magdeburg und Dessau-Roßlau gelegen, arbeitete er in einer Schraubenfabrik sowie in einer chemischen Großwäscherei.

Am 30. Juni 2016 endete seine Spätschicht in der Wäscherei um 22 Uhr. In der Dunkelheit lief Zia den vertrauten Weg von seiner Arbeitsstelle zum Bahnhof. Der Bahnsteig in Richtung Magdeburg war menschenleer. Plötzlich klirrte eine Glasflasche, sie wurde an einen Strommast zwischen den beiden Gleisen geworfen. Er hörte Parolen wie „Scheiß Ausländer!" und „Verpiss dich aus Deutschland!" Der Pakistani versuchte, das Gebrüll zu ignorieren, aber wenige Momente später standen zwei Männer vor ihm. Sie schubsten und beleidigten ihn und versperrten ihm den Weg zum Ausgang des Bahnhofs. Es blieb ihm nur die Flucht über den langen Bahnsteig in Richtung des dunklen stillgelegten Stellwerks. Seine Verfolger traten ihm die Füße weg, Zia stolperte und fiel von der Bahnsteigkante in den Schotter des Gleisbetts. Die Täter erreichten ihn, bevor er sich aufrichten konnte. Sie traten und schlugen sofort auf ihn ein und zogen ihn auf die Gleise. Als der Zug in Richtung Magdeburg einfuhr, ließen sie ihn schwerverletzt quer über der Schiene liegen. Obwohl Zia von den Schlägen und Tritten völlig benommen war, konnte er mit Mühe seinen Kopf heben und sich langsam aufrichten. Der Zug zerschmetterte seine rechte Schulter und schleuderte ihn aus dem Gleisbett. Später stellten die behandelnden Ärzt*innen im Krankenhaus fest: Das rechte Schulterblatt war gebrochen, die rechte Körperhälfte war übersät mit riesigen Blutergüssen und die Haut an seinen Händen war großflächig abgeschürft. Zudem erlitt Zia ein Schädel-Hirn-Trauma.

Die körperlichen Schmerzen hielten lange an und die Erlebnisse belasten seine Psyche bis heute: Er bekommt Herzrasen, Schweißausbrüche und Panikattacken, wenn er alleine an einem Bahnsteig warten muss, wenn er auf Gehwegen betrunkene Männer mit Bierflaschen trifft, wenn er Arbeitskollegen begegnet, die den beiden Tätern ähneln. Er wacht erschrocken auf und kriegt kein Auge mehr zu, wenn an seiner Wohnung in der Nacht ein Krankenwagen mit einer Sirene vorbeifährt. Die Täter, zwei einschlägig bekannte Neonazis, die beide vor Jahren in der extrem rechten Szene sozialisiert wurden und seitdem durch ihre brutale Gewalt aufgefallen sind, brüsteten sich an demselben Abend unter Freund*innen und Bekannten mit ihrer Tat. Mehrere Bekannte schilderten später, das Menschenleben sei den beiden Männern wertlos gewesen und sie hätten sich über ihr Opfer lustig gemacht. Die Neonazis wurden dreieinhalb Wochen nach der Tat festgenommen und Anfang Januar 2017 vor dem Landgericht Dessau-Roßlau wegen versuchten Totschlags verurteilt. Das Gericht vermied eine Verurteilung wegen versuchten Mordes, der „Ausländerhass" bezog sich angeblich bloß auf die Schläge und Tritte. Der Haupttäter erhielt sechseinhalb Jahre Haft, der Mittäter lediglich vier Jahre.

Zwar wird Zia seinen beiden Verfolgern in den kommenden Jahren nicht mehr begegnen können, dennoch verlässt er sein Zimmer nur noch in Ausnahmefällen. Schließlich weiß er, dass die beiden nicht die einzigen Menschen sind, die seinen Traum von einem sicheren Leben gefährden können. Seine ständigen Begleiter sind Kopfschmerzen, Albträume und Panikattacken.

Der „Auswurf aus dem Geborgenheitsraum" (Schüle 2017: 155) begleitet Menschen wie Zia über lange Zeit. Mit psychischen Störungen und Traumata sind sie auf mehreren Ebenen konfrontiert. Dies beginnt in ihrem Herkunftsland und zieht sich bis in ihr alltägliches Leben in Deutschland. Ob Terror und Bürgerkrieg im Herkunftsland oder Rassismus und rechte Gewalt nach ihrer Ankunft: Menschen wie Zia benötigen oftmals psychosoziale Unterstützung, die sich den unterschiedlichen Belastungen nähert und sich mit ihnen in der gebotenen Tiefe beschäftigt. Die Zeit der Ungewissheit, in der Betroffene auf das Ergebnis ihres Asylverfahrens warten, belastet die Psyche zusätzlich. Mit der Dauer des Verfahrens steigt das Risiko für psychische Störungen und physische Gesundheitsprobleme. All das trifft Kinder und Jugendliche, die alleine fliehen, besonders hart; sie sind häufig schwer traumatisiert. Nach dem Tod ihrer Familie haben sie sich alleine auf den Weg gemacht oder sind auf der Flucht von ihren Eltern getrennt worden, die familiäre Unterstützung zur Verarbeitung ihrer Erlebnisse fehlt daher. Ihre Ankunft in der Bundesrepublik, ihre Integration und ihr Einleben in einem weitestgehend unbekannten Land wird durch ihre Flucht enorm erschwert.

Wie sollen sich Geflüchtete in Deutschland zurechtfinden? Können sie in der Bundesrepublik eine Heimat finden? Das Ankommen ist ein „umfassender Beheimatungsprozess" (Schüle 2017: 184), der eine doppelte Bereitschaft erfordert: Auf der einen Seite stehen Geflüchtete vor der schwierigen, Kraft raubenden Aufgabe, sich mit dem Alltagsleben und der Sprache in Deutschland vertraut zu machen. Schließlich ist das „Gesetz der Fremde, unter der man im Exil lebt, […] zuallererst das Gesetz der fremden Sprache" (Schlink 2000: 8). Unter „Exil" versteht der Jurist Bernhard Schlink das „Leben in der Fremde, das nicht selbst-, sondern fremdbestimmte, das entfremdete Leben" (Schlink 2000: 11). Die Erfahrung der Entfremdung sei ihm zufolge besonders ausgeprägt. Auf der anderen Seite trägt die einheimische Bevölkerung ein hohes Maß an Verantwortung, Menschen in Not zu unterstützen. Das braucht Geduld, Offenheit und eine Portion Mut – auf beiden Seiten.

Für beide Seiten besteht ein Konflikt um ihre Heimat und ihr Heimatverständnis. Eine besonders emotionale Angelegenheit, die oft Blut, Schweiß und Tränen kostet, ist die Frage nach der Heimat für die Betroffenen, die vor Krieg und Verfolgung flohen und um ihr Bleiberecht in der Ferne bangen müssen, und für diejenigen, die sich für die Rechte der Betroffenen einsetzen und ihnen helfend beiseitestehen. Die beiden Episoden sollen die komplexen Konflikte von Geflüchteten, mit denen sie hier wie dort konfrontiert werden, veranschaulichen. Jede Geschichte ist verschieden. Jede Geschichte, die Geflüchtete in ihrem Herkunftsland, auf der Flucht und in der Bundesrepublik durchleben, steht für sich. Die Geschichten müssen erzählt werden. Die Frage, wo und was Heimat ist, stellen sich allerdings längst nicht nur Geflüchtete. In unterschiedlicher Form betrifft der „Zusammenhang zwischen Heimat, Herkunft und Identität" (Schüle 2017: 13) alle Menschen.

„Haben Sie eine nationale Identität?"

Der Wiener Essayist Robert Menasse, der 2014 eine Reihe seiner Vorträge in einem Band mit dem Titel „Heimat ist die schönste Utopie" veröffentlichte, stellt fest: „Es war der Nationalismus, der Europa und die halbe Welt verwüstet hat." (Menasse 2016: 15) Der Nationalismus ist die Quelle für eines der größten Verbrechen in der Menschheitsgeschichte: Auschwitz. In der Überwindung des Nationalismus sieht er eine wesentliche Herausforderung unserer Zeit. Obwohl „illiberale Demokratien" im Verlauf der letzten Jahre in der politischen Landschaft der Europäischen Union rasant an Bedeutung gewannen, sieht er die Nationalstaaten auf dem Sterbebett. Sein nüchternes, trocken vorgetragenes Credo lautet: „Die Nationalstaaten werden sterben." (Menasse 2016: 18)

Im Zeitalter der Globalisierung sei die Welt ein transnationales Netz geworden, in dem die meisten ökonomischen, sozialen und politischen Fragen nicht national, sondern einzig über nationale Grenzen hinweg angemessen und verantwortungsvoll beantwortet werden können. Die einzelnen Staaten, so Menasse, könnten die globalen Probleme und Herausforderungen nicht ansatzweise einhegen. Das eindrücklichste Beispiel ist der Klimawandel. Er ist eine globale Herausforderung, der transnationale Lösungen zur Bewältigung der Katastrophe erfordert. Die Europäische Union ist seiner Ansicht nach nicht nur eine Reaktion auf die düsteren Erfahrungen der europäischen Staaten in nationalistischer Feindschaft, sondern er sieht darin auch „das einzige politische Gebilde weltweit, das bewusst und programmatisch versucht, den unvermeidlichen schrittweisen Verlust der Souveränität der Nationalstaaten in institutionalisierter

Gemeinschaftspolitik und wachsender transnationaler Demokratie aufzuheben" (Menasse 2016: 18).

Wie wirkt sich die sich möglicherweise anbahnende postnationale Ära auf das Heimatverständnis vieler Menschen aus? Im Zuge der Globalisierung verkleinere und verdichte sich das, was sie unter Heimat verstehen und mit ihr verbinden, vermutet Menasse. So erzählt er über sich und seine Herkunft: „Meine Heimat ist nicht Österreich, sondern Niederösterreich und Wien." (Menasse 2016: 89) Spöttisch fragte er sein Publikum: „Haben Sie in erster Linie eine nationale Identität, brauchen Sie eine?" (Menasse 2016: 80) In der Region, in der Menschen aufgewachsen sind und sozialisiert wurden, verstehen sie die sozialen Codes, die Gerüche, Farben und Tonfälle. Deshalb ist die Identität, die viele Menschen mit ihrer Heimat verbinden, im Wesentlichen in der Region verwurzelt. Die prägenden Erinnerungen, die Menschen im Laufe ihres Lebens mit der Region verbinden, in der sie die ersten Atemzüge gemacht haben und die ersten Schritte ihres Lebens gelaufen sind, zeigen, wie wenig ein regionales Verständnis der Heimat mit der Nation gemein hat: „Heimat ist konkret, Nation ist abstrakt." (Menasse 2016: 80) Was aber ist das Konkrete? Im Rahmen eines 1999 gehaltenen Vortrags mit dem Titel „The Place of Heimat" sprach Schlink von all den Orten, „an denen wir leben und arbeiten, die Kieze, Städte und Landschaften, in denen wir leben" (Schlink 2000: 20). In der Hinwendung zum Konkreten sah er eine Reaktion auf die zunehmende „Entfremdungserfahrung" an diesen Orten. Sowohl im Ländlichen wie im Städtischen machte er Prozesse der „Anonymisierung" und „Uniformisierung" der Lebenswelt aus. Die Entfremdung, die sich im Konkreten Bahn breche, werde konkret erfahren: Der Lebensalltag vieler Menschen werde „gleichförmig".

Mythos ethnische Homogenität

Die politische Rechte, vom rechtskonservativen Milieu bis zur Neuen und extremen Rechten, sieht die Heimat durch eine „Invasion“ durch Migrant*innen und Geflüchtete, durch eine angebliche „illegale Masseneinwanderung“ bedroht. Sie versteht unter Heimat das Ideal eines weißen, ethnisch homogenen Deutschlands. Lediglich in einer Hinsicht hat sie recht: Heimat ist in der Tat bedroht – allerdings nicht durch Migrant*innen und nach Deutschland kommende Geflüchtete. Stattdessen ist die Wohlfühlzone einer Vielzahl an Menschen durch Binnenmigration bedroht: Im Städtischen werden Menschen durch „Gentrifizierung“ verdrängt, indem Häuser teuer saniert und im Anschluss daran die Mietpreise in die Höhe getrieben werden. Arme Menschen werden aus den Innenstädten, aus den Vierteln, in denen sie sich „heimisch“ fühlen, vertrieben. Für viele endet die Suche nach bezahlbaren Wohnungen erfolglos, am Ende bleibt ihnen nur das Ausweichen in die Randbezirke der Stadt. Die „Gentrifizierung“ soll die Attraktivität bestimmter Stadtviertel für Wohlhabende steigern. Dadurch ist sie eine Bedrohung für alle, die auf eine bezahlbare, sozial verträgliche Miete angewiesen sind. Die bundesweiten Proteste gegen den #Mietenwahnsinn, an denen sich Zehntausende Menschen beteiligten, sowie die im April 2019 gestartete Berliner Initiative „Deutsche Wohnen & Co. enteignen“ offenbaren, wie akut die Probleme in den Städten sind. Junge Erwachsene zieht es wegen Ausbildung, Studium und Beruf aus den Dörfern und Kleinstädten in die Städte. Im ländlichen Raum sehen sie oftmals keine beruflichen Perspektiven; dazu kommt eine verhältnismäßig schwache Infrastruktur.

In Anbetracht der steigenden Landflucht spricht Schüle vom „Furor des Verschwindens“ (Schüle 2017: 45). Ob das Zeichnen eines Bedrohungsszenarios („Die Heimat ist von allen Seiten bedroht“) konstruktiv ist, muss bezweifelt werden. Die Behauptungen Schüles, *die* Demografie sei der „innere Feind der Heimat“ (Schüle 2017: 63) und *die* Globalisierung verantworte den „plötzlichen Verlust aller Grenzen“ (Schüle 2017: 44), schüren abstrakte, diffuse Ängste. Sowohl im Städtischen als auch im Ländlichen lässt sich ein wachsendes Gefühl des „dis-embedding" (deutsch: Ent-bettung) feststellen (vgl. Zöller 2015: 164 ff.). Viele Menschen fühlen sich nicht (mehr) in soziale Kontexte wie Nachbarschaften und Vereine, Gewerkschaften und Kirchengemeinden eingebettet. Früher wurde die Zugehörigkeit weitestgehend milieuspezifisch vererbt. Das nimmt heutzutage ab, auch durch die wachsende Binnenmigration zwischen Land und Stadt, die Mobilität erfordert und Sesshaftigkeit erschwert.

Nach Einschätzung des Juristen und Publizisten Heribert Prantl seien die Aufgaben einer glaubwürdigen, konstruktiven „Heimatpolitik" (Prantl 2018: 223), sich im Ländlichen gegen die grassierende Landflucht und im Städtischen gegen horrend steigende Mietpreise starkzumachen. Deshalb bezeichne die „Heimatpolitik" zuvorderst eine gute, progressive Immobilien- und Infrastrukturpolitik. Zwar ist das Bundesministerium des Innern, für Bau und Heimat unter CSU-Politiker Horst Seehofer im März 2018 angetreten, um „gleichwertige Lebensbedingungen in allen Regionen Deutschlands" zu schaffen, auch nannte Seehofer bezahlbares Wohnen die „soziale Frage unserer Zeit" (Die ZEIT, 18.9.2018). In seiner ersten Amtshandlung stellte Seehofer allerdings klar, wer in seinen Augen die Heimat bedrohe. Im Wortlaut des AfD-Grundsatzprogramms äußerte er, der Islam gehöre nicht zu Deutschland – und bürgerte damit symbolisch Millionen Deutsche muslimischen Glaubens aus der Bundesrepublik aus (vgl. Sanyal 2019: 104).

Die Journalistin, Mitgründerin der Neuen deutschen Medienmacher und Sprecherin der Neuen Deutschen Organisationen Ferda Ataman schrieb in der Zeitschrift „Ermutigen" der Amadeu Antonio Stiftung, die Umbenennung des Ministeriums sei reine „Symbolpolitik" für potenziell rechte Wähler*innen (vgl. Ataman 2018). Der Name suggeriere, eine staatliche Behörde sorge sich künftig um die „deutsche Leitkultur". Sie mahnte, im parteipolitischen Wettbewerb sei Heimat allzu häufig ein „Code für ‚Deutschland den Deutschen'". Ataman, deren Eltern vor über 40 Jahren als sogenannte „Gastarbeiter" aus der

Türkei nach Deutschland gekommen sind, schilderte im Anfang 2019 erschienenen Buch „Hört auf zu fragen. Ich bin von hier!" die Perspektive derjenigen, die von der Mehrheitsgesellschaft als „ausländisch" und „fremd" wahrgenommen werden. Aber sie sind Deutsche, obwohl und gerade weil sie Ferda, Fatma und Fatih heißen. In ihrer „Spiegel Online"-Kolumne namens „Heimatkunde" machte sie auf die „Wurzelmanie" (Ataman, 9.3.2019) aufmerksam, die in weiten Teilen der deutschen Mehrheitsgesellschaft verbreitet ist. Im Buch schrieb sie hierzu: „Unsere Wahrnehmung von Zugehörigkeit in Deutschland hat viel mit Genen zu tun. Deutsch ist, wer zuerst hier war und also schon immer hier ist. Viele glauben an ein einheimisches Volk (*Deutsche* genannt), das sich nicht verändert, auch dann nicht, wenn Migranten dazukommen (die dauerhaft erkennbar bleiben an ihrem *Migrationshintergrund*)." (Ataman 2019: 188).

Der Diskurs um Nationalcharakter und Leitkultur, um eine dezidiert *deutsche* Identität und Kultur ist irreführend. Denn die Erzählung eines ethnisch homogenen Volkes der Deutschen ist ein „Mythos" (Zudeick 2018: 96), wie der Journalist und Buchautor Peter Zudeick treffend analysierte. Dieser Mythos ist allerdings nach wie vor verbreitet und war lange Zeit in der Verfassung verankert. Im Grundgesetz wurde er erst im Jahr 2000 mit der Einführung des eingeschränkten *ius soli* (deutsch: Bodenrecht) aufgegeben. Bis Ende des 20. Jahrhunderts legte das Reichs- und Staatsangehörigkeitsgesetz von 1913 durch das *ius sanguinis* (deutsch: Blutrecht) fest, wer zum deutschen Staat gehörte. Nur ein Kind, das einen deutschen Vater hat, erwarb die deutsche Staatsangehörigkeit (vgl. Sanyal: 102). In der politischen Rechten hingegen lebt der Mythos bis heute fort, man wünscht sich unumwunden eine „Abstammungs-, Schicksals- und Blutsgemeinschaft" (Zudeick 2018: 128).

Heimatverständnis der Nazis

Aus historischer Sicht ist der Heimatbegriff schwer belastet. Dass er bis heute kontaminiert ist, liegt – vorsichtig formuliert –

an seiner „Prise Mehrdeutigkeit" (Türcke 2015: 8). Das NS-Regime instrumentalisierte das Wort. Es bestimmte, wer im Deutschen Reich eine Heimat besaß und wer nicht. Der Nationalsozialismus nahm allen voran Jüdinnen und Juden ihre Heimat durch systematische Entrechtung, Vertreibung und Vernichtung. Die Blut-und-Boden-Ideologie des Regimes war bereits im im Februar 1920 veröffentlichten 25-Punkte-Programm der NSDAP verankert. Der vierte Punkt lautete: „Staatsbürger kann nur sein, wer Volksgenosse ist. Volksgenosse kann nur sein, wer deutschen Blutes ist, ohne Rücksichtnahme auf Konfession. Kein Jude kann daher Volksgenosse sein."

Im Gründungsdokument der Partei brachten die Nationalsozialist*innen bereits zum Ausdruck, dass Jüdinnen und Juden im NS-Staat keine Heimat haben sollten. Stattdessen sollten sie „nur als Gast in Deutschland leben können". Nach Ernennung Adolf Hitlers zum Reichskanzler verschärften sie ihre Haltung: Das NS-Regime goss seine rassistische und antisemitische Ideologie in Gesetzesform. Die „Nürnberger Gesetze" wurden anlässlich des 7. Reichsparteitags der NSDAP beschlossen und am Abend des 15. September 1935 einstimmig vom Reichstag angenommen. Sie bestanden im Wesentlichen aus dem „Gesetz zum Schutze des deutschen Blutes und der deutschen Ehre" und dem „Reichsbürgergesetz". Das sogenannte „Blutschutzgesetz", das der „Reinhaltung des deutschen Blutes" dienen sollte, verbot die Ehe sowie den außerehelichen Geschlechtsverkehr zwischen Juden und Nichtjuden. Wer gegen das Gesetz verstieß, beging „Rassenschande" und wurde mit Gefängnis und Zuchthaus bestraft. Das sogenannte „Reichsbürgergesetz" sprach allein „Reichsbürgern" die vollen politischen Rechte zu. Ein „Reichsbürger" sollte ein Staatsangehöriger „deutschen oder artverwandten Blutes" sein, der durch sein Verhalten beweisen müsse, dass er „gewillt und geeignet ist, in Treue dem Deutschen Volk und Reich zu dienen".

Der NS-Staat schloss alle Menschen aus der Heimat im Deutschen Reich aus, die nach Ideologie und Gesetzespraxis des Nationalsozialismus keine Deutschen gewesen sind. Jüdinnen und Juden, die weder „Reichsbürger“ noch „Staatsangehörige“ waren, galten als heimatlos. Die Frage, weshalb das NS-Regime gerade Jüdinnen und Juden aus der Heimat ausschloss, beantwortete Hitler bereits im Buch „Mein Kampf“ (1925). Er schrieb, sichtlich ohne Kenntnisse der jüdischen Geschichte, „der“ Jude sei vor mehreren Jahrhunderten „plötzlich da“ (Hitler 1925: 338) gewesen. Anfangs habe „der“ jüdische Händler „noch wenig Wert auf die Verschleierung seines Volkstums“ gelegt. Im Laufe der Jahre seien die Jüdinnen und Juden sesshaft geworden und hätten allmählich die „Sprache des Gastvolkes“ erworben. Hitler war davon überzeugt, dass sie sich bloß hinter einer harmlosen „Religionsgemeinschaft“ tarnten. Er behauptete: „Der“ Jude besitze weder eine eigene Kultur noch ein eigenes Territorium und bilde daher den „gewaltigsten Gegensatz zum Arier“ (Hitler 1925: 329). Die jüdische „Rasse“ besitze keine „kulturbildende Kraft“, sie sei keine „schöpferisch und damit kulturell begnadete Rasse[n]“ (Hitler 1925: 332). Zur Frage nach der Heimat der Jüdinnen und Juden merkte er an: Obwohl der jüdische Staat territorial unbegrenzt sei, wäre die Vorstellung, Jüdinnen und Juden seien Nomaden, ein „ebenso großer wie gefährlicher Irrtum“ (Hitler 1925: 333). Nomaden besäßen nämlich einen festen, begrenzten Lebensraum, in dem sie wanderten und vom Ertrag ihrer Herden lebten. Das machten Jüdinnen und Juden nicht. Stattdessen sei „der“ Jude ein „Parasit im Körper anderer Völker“ (Hitler 1925: 334), der sich „immer neuen Nährboden für seine Rasse“ suche. Er breite sich nach und nach aus und verlasse seinen Lebensraum nur, wenn ihn die „mißbrauchten Gastvölker“ hinauswerfen würden.

Die gewaltsame Vertreibung sei die einzige Möglichkeit, um sich erfolgreich gegen die Jüdinnen und Juden zur Wehr zu setzen. Schließlich vernichte der „Parasit“ sein „Wirtsvolk“ innerhalb kürzester Zeit. Allerdings vermutete Hitler, die Vernichtung des befallenen „Wirtsvolkes“ ziehe ebenso den Tod des jüdischen „Parasiten“ nach sich: „Das Ende aber ist nicht nur das Ende der Freiheit der vom Juden unterdrückten Völker, sondern auch das Ende dieses Völkerparasiten selber. Nach dem Tode des Opfers stirbt auch früher oder später der Vampir." (Hitler 1925: 358) Das rassistische Bild des jüdischen „Parasiten", der die einheimische Bevölkerung plage, war ein fester Bestandteil der nationalsozialistischen Propaganda.

Vor allem der Film „Der ewige Jude", erstmals im November 1940 von der NS-Propagandaleitung in den deutschen Kinos gezeigt, transportierte das Bild des jüdischen Ungeziefers (vgl. Benz 2004: 89). Im Film heißt es: „Wo Ratten auch auftauchen, tragen sie Vernichtung ins Land, zerstören sie menschliche Güter und Nahrungsmittel. [...] Sie sind hinterlistig, feige und grausam und treten meist in großen Scharen auf. Sie stellen unter den Tieren das Element der heimtückischen, unterirdischen Zerstörung dar – nicht anders als die Juden unter den Menschen." Die Wanderung der osteuropäischen Jüdinnen und Juden wurde mit dem Verhalten von Ratten verglichen; sie verkörperten die Rolle des „Parasiten". Für das Publikum des Films sollte aus der Darstellung die intuitive Forderung nach einer Vernichtung des jüdischen Ungeziefers folgen. Zweifelsohne sollte die deutsche Bevölkerung auf die „Endlösung der Judenfrage" eingestimmt werden.

Der Titel des NS-Propagandafilms greift eine antisemitische Legende des Mittelalters auf: Die Figur des „Ewigen Juden" stammt aus Kreisen des christlichen Antijudaismus aus dem 13. Jahrhundert, demnach habe der Spott über die Kreuzigung von Jesus Christus die Jüdinnen und Juden verflucht und zu ewigem Leben verdammt. Unsterblich sollten sie durch die Welt wandern. Daran schließt das antisemitische Bild der kosmopolitischen, heimatlosen Jüdinnen und Juden an. Die Existenznot und Vertreibung vieler Menschen jüdischen Glaubens verursachte eine ständige Mobilität und schuf das vermeintlich empirische Bild des wurzellosen Judentums (vgl. Peham 2012: 354). Später entwickelte sich daraus eine Legende. Das antisemitische Stereotyp war eine Folge der kontinuierlichen Diskriminierung der jüdischen Bevölkerung.

Staatlich verordnete Heimatlosigkeit

Die systematische Diskriminierung, die Jüdinnen und Juden durch die rassistischen Gesetze des NS-Regimes erfuhren, erlitt auch das angeblich „fahrende Volk“: die Romnija und Roma. Die Nationalsozialist*innen nannten sie „Zigeuner“. Die „Nürnberger Rassegesetze“ unterteilte sie in Kategorien: „Stammechte Zigeuner“, „Zigeunermischlinge“ nach unterschiedlichen Graden der „Blutsmischung“ und „Nichtzigeuner“. Die Verfolgung zielte vorrangig auf die ortsfest lebenden „Zigeunermischlinge“, ab Februar 1943 wurde die Mehrheit der im Deutschen Reich wohnenden in das „Zigeunerlager Auschwitz“ deportiert. Die staatlich verordnete Heimatlosigkeit mündete in die Vernichtung. In Romanes, der Sprache der Romnija und Roma, wird sie „Porajmos“ (deutsch: das Verschlingen) genannt.

Das 1936 erschienene Buch „Zigeuner. Ihr Leben und ihre Seele“ steht stellvertretend für die rassistische Darstellung der Romnija und Roma. Der Autor Martin Block, der 1938 im Dienst des NS-Regimes zur Wehrmacht ging und 1942/43 in Belgrad, Saloniki und Rumänien stationiert war, lebte zwischen 1921 und 1928 in Rumänien und unternahm eigenen Angaben zufolge „völkerkundliche Forschungen und sprachliche Studien“. In den ersten Zeilen der Ergebnisse seiner „Forschungen“ wird er bereits deutlich: „Wer kennt nicht die wilden zerlumpten Gestalten mit den stechenden funkelnden Augen, mit dem pechschwarzen Haar und der bronzenen Hautfarbe?“ (Block 1936: 1) Die rassistische Sprache und die Vorstellungen einer „eigenartigen“ Physiognomie der Romnija und Roma knüpfte an die „Rassenlehre“ des Nationalsozialismus an; sie ziehen sich durch das gesamte Buch. Grundsätzlich habe, so der Tenor des Buches, das „fahrende Volk“ keine Heimat, denn es sei ein „Naturvolk“, das seit Jahrhunderten „bei fast allen Kulturvölkern zu Gaste“ sei und einen „ungestümen Wanderdrang“ habe. Wer nicht wandere, sei kein „echter Zigeuner“ und werde gemieden und verachtet. In ihren Augen sei die Welt ein „großes Weideland“ (Block 1936: 20), weshalb staatliche Grenzen bloße Hindernisse ihrer Reise seien.

Die Propaganda, die sich im Nationalsozialismus gegen Romnija und Roma richtete, ähnelte stellenweise der antisemitischen Propaganda. In beiden Fällen nämlich nahmen die Nationalsozialist*innen an, die „Kulturvölker" seien „Wirtsvölker" und würden von den „Parasiten" ausgebeutet und in ihrem Fortbestand bedroht. Block schätzte Mitte der 1930er Jahre, das Deutsche Reich „beherberge" über 2000 „dieser Gäste" (Block 1936: 48). Die Wortwahl verdeutlicht bereits, dass die Heimat der Romnija und Roma aus Sicht der „Rassenlehre" wohl kaum Deutschland sein konnte. Romnija und Roma galten als ebenso heimatlos wie Jüdinnen und Juden.

Damals: Die Genese der völkischen Ideologie

Romnija und Roma sowie Jüdinnen und Juden wird bis heute unterstellt, sie hätten weder eine Heimat noch Heimatgefühle. Die Überzeugung, sie seien ein „fahrendes Volk", fußt auf einfach gestrickten Ressentiments, die fest in der Gesellschaft verankert sind und sich heutzutage tendenziell verstärken. Beide Minderheiten werden seit Jahrhunderten durch die Mehrheitsgesellschaft diskriminiert. Die Bilder und Stereotype wurzeln in der sozialen und wirtschaftlichen Lage im Mittelalter, mit der Romnija und Roma sowie Jüdinnen und Juden konfrontiert waren. Das exklusive Heimatverständnis im Nationalsozialismus, das systematisch gesellschaftliche Minderheiten aus dem Deutschen Reich ausschloss, ist unmittelbar mit den politischen Entwicklungen in den vorherigen Jahrzehnten verknüpft. Schließlich ist die Völkische Bewegung der „wesentliche Lieferant von Ideologie und Begrifflichkeit" gewesen (Zudeick 2018: 118).

Ein, zwei Schritte zurück: Die Heimatschutz-Bewegung setzte bereits Mitte des 19. Jahrhunderts ein, sie kümmerte sich vorrangig um Erhalt und Pflege von Landschaft und Natur. Damals wurde die „Heimatkunde" in den Schulen eingeführt, unzählige „Heimatvereine" gründeten sich. Das dörfliche Leben und die Natur wurden idealisiert und romantisiert, zugleich schwang eine Kritik an Frühkapitalismus und Industrialisierung mit. Je stärker die Heimatschutz-Bewegung gegen Ende des Jahrhunderts wurde, desto lauter wurden nationalistische und völkische Töne. Die Völkische Bewegung, die sich im letzten Viertel des 19. Jahrhunderts formierte, unterwanderte die Bewegung allmählich. Nach Ende des Ersten Weltkrieges wuchs die Mitgliederzahl der Vereinigungen stark an, in der Weimarer Republik zogen Völkische in Länderparlamente und in den Reichstag ein. Die ideologischen Überschneidungen zwischen Völkischer und nationalsozialistischer Bewegung waren offensichtlich. Ab Mitte der 1920er Jahre aber wurde die Völkische durch die nationalsozialistische Bewegung weitestgehend abgelöst. Ohne das Völkische ist der Nationalsozialismus nicht denkbar. In dieser Zeit wurde der Begriff „völkisch" zum ideologischen Schlüsselbegriff, das zeigt sich beispielsweise im Titel des seit 1920 erscheinenden Parteiorgans der NSDAP: „Völkischer Beobachter". Die Völkische Bewegung, die aus deutschnationalen, rassistischen und antisemitischen Parteien und Vereinen bestand, wandte sich von Beginn an gegen gesellschaftliche Minderheiten. So hetzte der zwischenzeitlich einflussreichste Verband der Völkischen Bewegung, der Deutschvölkische Schutz- und Trutzbund, gegen die Migration der sogenannten „Ostjuden". Im Sommer 1920 initiierte er eine Kampagne für eine Volksabstimmung über die „Ostjudenfrage" und setzte Zehntausende Rundschreiben, Flugblätter und Unterschriftsbögen in Umlauf. Es hieß: „Durch Volksabstimmung muß darüber entschieden werden, ob noch weitere Millionen Juden aus dem Osten nach Deutschland einwandern dürfen, da diese durch ihre uns fremde Lebensauffassung eine wirtschaftliche und kulturelle Gefahr bedeuten. Deutsches Land soll den deutschen Menschen als Heimat und Vaterland erhalten bleiben. Darum fordern wir Verbot der Einwanderung der Juden. Deutschland den Deutschen!" (Heid 1995: 244–245)

Die völkische Ideologie des frühen 20. Jahrhunderts und das damit einhergehende Heimatverständnis basiert auf einer völkischen Gemeinschaft, die durch blutsmäßige Verbundenheit besteht. Demnach ist die Zugehörigkeit zur „Volksgemeinschaft" weder durch Zuzug noch durch das Erlernen der Sprache oder den Erwerb der Staatsbürgerschaft möglich. In der völkischen Gemeinschaft wird ein „artgemäßes Leben" auf einem bestimmten Gebiet („Lebensraum") angestrebt. Immigration, der Zuzug von Menschen ohne deutsche Abstammung, bedrohe den eigenen „Lebensraum" und führe am Ende zum Aussterben der Deutschen („Volkstod"). Die Angst entsteht aus der Idee, jedes Volk könne nur überleben, wenn es sich nicht mit anderen Völkern vermische.

Eine zentrale Rolle in der Völkischen Bewegung spielte das Ehepaar Erich und Mathilde Ludendorff. Der frühere General des Ersten Weltkriegs stieß nach 1918 zur Bewegung. Am 9. November 1923 führte er gemeinsam mit Hitler den gescheiterten „Marsch auf die Feldherrnhalle" in München gegen die Weimarer Republik an. Drei Jahre später heiratete er Mathilde, die „Urgroßmutter des deutschen Antisemitismus" *(Der Spiegel)*. In den 1920er Jahren begründete sie die völkische „Deutsche Gotterkenntnis". Das Ehepaar verbreitete in seinen Schriften die antisemitische Erzählung der „überstaatlichen Mächte", deren Ziel die „Enteignung und Versklavung aller Völker der Erde unter Judas Herrschaft" (M. Ludendorff 1939: 26) sei. Diese wollten „das lebensvollste der Völker, das Deutsche Volk, in seiner Kraft brechen" (E. Ludendorff 1939: 163). Daher müsse der „Befreiungskampf gegen die überstaatlichen Mächte" (E. Ludendorff 1939: 391) bis zum Ende geführt werden. Diese Erzählung erlebt heutzutage eine Renaissance: In rechten Kreisen ist die Rede von „überstaatlichen Mächten", die an der „Umvolkung" und „Vermischung" der Völker arbeiteten. Diese Mächte strebten langfristig die Migration von Millionen Menschen an, um die Deutschen auszulöschen. „Kosmopoliten", „Internationalisten", „Globalisten", „Kriegstreiber", „Völkerfeinde": Die antisemitische Codierung der Erzählung ging im Lauf der Jahre keineswegs verloren, die Sprache bedient antisemitische

Verschwörungsmythen und Stereotype der mächtigen, zersetzenden, global agierenden Jüdinnen und Juden.

Heute: Die Rehabilitierung der völkischen Sprache

AfD, Identitäre und Pegida-Proteste haben die Grenzen des Sagbaren massiv verschoben, in den letzten Jahren lässt sich eine Normalisierung extrem rechter Rhetorik und Sprache feststellen. Es vollzieht sich eine schleichende Verrohung des gesellschaftlichen Klimas. Mittlerweile ist die AfD die wichtigste Akteurin in dieser Entwicklung; der Rechtsextremismus-Experte Alexander Häusler bezeichnete sie jüngst als eine „Partei des völkisch-autoritären Populismus“ (Häusler 2018: 7). Die frühere AfD-Parteivorsitzende Dr. Frauke Petry erklärte im Jahr 2016, das Wort „völkisch“ müsse „wieder positiv besetzt“ werden, schließlich sei es nur das Attribut zu „Volk“ (vgl. Kamann, 11.09.2016). Neben Petry bemühen sich vor allem die Hardliner der Partei wie der Thüringer AfD-Fraktionsvorsitzende Björn Höcke um die Rehabilitierung völkischer Sprache. Ein prägnantes Beispiel: Nachdem die AfD Sachsen-Anhalt im Dezember 2015 über die „Verantwortung für die Volksgemeinschaft“ schrieb, antwortete der ehemalige AfD-Vorsitzende der Landtagsfraktion Sachsen-Anhalts, André Poggenburg, auf einen kritischen Hinweis eines Facebook-Nutzers, man lasse sich nicht gefallen, dass heutzutage „einige völlig unproblematische und sogar äußerst positive Begriffe nicht benutzt werden“ (Gensing, 29.12.2015) sollen.

Im Vorfeld der drohenden Beobachtung der Partei durch den Inlandsgeheimdienst erstellte der Staatsrechtler Dietrich Murswieck im Auftrag der AfD ein Gutachten, in dem die ausdrückliche Empfehlung ausgesprochen worden ist, auf „extremistische Reizwörter“ wie „Überfremdung“, „Umvolkung“ und „Volkstod“ zu verzichten. Der schrittweise Versuch einer Rehabilitierung völkischer Sprache ist jedoch das Ergebnis einer steten Radikalisierung innerhalb der AfD. Die Erfurter Resolution leitete, so Häusler, die „erste grundlegende Machtwende in der

AfD ein“ (Häusler 2018: 11). Höcke und Poggenburg initiierten die Resolution im März 2015, um sich entschieden gegen den damaligen Bundesvorsitzenden der AfD, Dr. Bernd Lucke, zu positionieren. In der Resolution nannten sie die AfD eine „Widerstandsbewegung gegen die weitere Aushöhlung der Souveränität und der Identität Deutschlands“. Im Rückblick bildete sie das Gründungsdokument des extrem rechten Flügels um Höcke.

Im Juni 2015 trafen sich Unterzeichner*innen der Erfurter Resolution und Vertreter*innen von Der Flügel und der Patriotischen Plattform zum ersten Mal am Kyffhäuser-Denkmal an der Landesgrenze zwischen Sachsen-Anhalt und Thüringen. Der Ort, das wilhelminische Denkmal für Kaiser Friedrich I. („Barbarossa“), wurde mit Bedacht gewählt. Nationalistisch aufgeladenen Mythen zufolge ruht Barbarossa im Kyffhäuser bis zum Tage seiner Wiederkehr, um Deutschland aus höchster Not zu retten. Die Völkische Bewegung sah bereits im Denkmal eine mythische Identifikationsfigur für Deutschlands angeblich tausendjährige Geschichte. Im Anschluss an das erste Kyffhäuser-Treffen setzte sich die Radikalisierung der Partei fort. Die „Herbstoffensive 2015“ und die beiden Bundesparteitage in Essen (2015) und Köln (2017) folgten.

Das Ende Januar 2019 von netzpolitik.org veröffentlichte Gutachten des Inlandsgeheimdienstes zur AfD gibt detaillierte Einblicke in das Völkische der Partei. Das 436 Seiten starke Gutachten basiert auf einer 1069 Seiten umfassenden Materialsammlung. Neben Grundsatztexten und programmatischen Schriften wurden Verlautbarungen der Partei im Internet sowie Parteitags- und Wahlkampfreden ausgewertet. Treffend kommentierte netzpolitik.org: „Das Gutachten fasst zusammen, was Medien, Forschende und antifaschistische Initiativen seit Jahren dokumentieren und belegen.“ (Biselli/Meister/Reuter, 18.01.2019)

Der Geheimdienst äußerte sich überraschend deutlich zum „Flügel“: „Das durch den ‚Flügel‘ propagierte Politikkonzept ist auf die Ausgrenzung, Verächtlichmachung und weitgehende

Rechtlosstellung von Ausländern, Migranten, insbesondere Muslimen, und politisch Andersdenkenden gerichtet. Es verletzt die Menschenwürdegarantie sowie das Demokratie- und das Rechtsstaatsprinzip. […] Der Fortbestand eines organisch-einheitlichen Volkes wird vom ‚Flügel' als höchster Wert angesehen. Der einzelne Deutsche wird als Träger des Deutschtums wertgeschätzt. ‚Kulturfremde' Nicht-Deutsche gelten als nicht integrierbar. Ihnen soll eine Bleibeperspektive konsequent verwehrt werden. Ziel des ‚Flügels' ist ein ethnisch homogenes Volk, welches keiner ‚Vermischung' ausgesetzt sein soll." Über die AfD-Jugendorganisation Junge Alternative schrieb er Ähnliches.

Das völkische Politikkonzept beschränkt sich keinesfalls auf die Junge Alternative und Der Flügel. Das Völkische ist ein flächendeckendes Phänomen in der Partei, das die Bundes- und Fraktionsspitze der AfD um Dr. Alexander Gauland einschließt: „Wir befinden uns in einem Kampf gegen Kräfte, die ihr globalistisches Programm der Nationenauflösung, der ethnisch-kulturellen Vereinheitlichung und der Traditionsvernichtung als die Menschlichkeit und Güte selbst verkaufen. Wir sollen uns im Dienst des Menschheitsfortschritts verdrängen lassen. Wir sollen uns als Volk und Nation in einem großen Ganzen auflösen. Wir haben aber kein Interesse daran, Menschheit zu werden. Wir wollen Deutsche bleiben." Gauland bedient die im Kern völkisch-antisemitische Erzählung über die „Globalisten", welche die Nationen gezielt auflösen und die Deutschen vernichten wollten. Völkisches Denken, gepaart mit verschwörungsideologischen Motiven, ist in rechten Kreisen bei Weitem nicht auf die AfD beschränkt.

In Tradition der Völkischen Bewegung

Nicht nur die AfD, sondern die Neue Rechte im Allgemeinen bewegt sich in der Tradition der Völkischen Bewegung des frühen 20. Jahrhunderts. Das betrifft insbesondere die Identitären. Die Legende vom „Großen Austausch" (Renaud Camus) ist im Kern ein völkisches Konstrukt. Dabei wird angenommen, die ethnisch homogenen Völker Europas würden durch eine „Invasion“ von Millionen Migrant*innen ausgetauscht und letztendlich vernichtet. Die Identitären schreiben selbst, der Große Austausch meine die „Tendenz einer schrittweisen Verdrängung der einheimischen Bevölkerung zugunsten fremder und zumeist muslimischer Einwanderer“ (Identitäre Bewegung 2019).

Der österreichische Identitäre Sellner behauptet, man könne den sich vollziehenden Austausch nur noch durch eine „gezielte De-Islamisierungs- und Remigrationspolitik“ (Sellner 2017: 244) verhindern. Die Legende basiert auf einer völkischen Definition des Heimatbegriffs. Bereits in der Gründungsphase der europäischen Identitären wurde Heimat in einen völkischen Kontext gestellt. In der „déclaration de guerre“ (deutsch: Kriegserklärung), die 2012 durch die französische Génération Identitaire verbreitet wurde und die Gründung der Identitären markierte, hieß es: „Wir sind die Bewegung, die auf unsere Identität, unser Erbe, unser Volk und unsere Heimat schaut und mit gestärktem, aufrechtem Gang in die Zukunft gen Sonnenaufgang marschiert.“ (vgl. Weiß 2017: 99)

Neben den Identitären steht das Kampagnenprojekt „Ein Prozent für unser Land“ in völkischer Tradition. An der Gründung beteiligten sich neben Sellner zentrale Akteur*innen der Neuen Rechten: Götz Kubitschek (Institut für Staatspolitik), Hans-Thomas Tillschneider (AfD Sachsen-Anhalt), Jürgen Elsässer (Compact) und Karl Albrecht Schachtschneider (Studienzentrum Weikersheim). Die Ein-Prozent-Verantwortlichen um Philipp Stein sehen sich als „erste seriöse Lobbyorganisation für verantwortungsbewusste, heimatliebende Bürger“ (Ein Prozent 2019). Allerdings bildete Ein Prozent von Beginn an, so schrieb János Neumann im Magazin *der rechte rand*, eine „Vernetzungsplattform der Neuen Rechten und der AfD“ (Neumann 2017: 8).

Die Idee des Projekts lautet: Ein Prozent der Deutschen reiche aus, um die angebliche „Flüchtlingsinvasion“ zu stoppen. Seit Gründung flossen eigenen Angaben zufolge bereits mehrere hunderttausend Euro in „patriotische Projekte", die sich gegen Geflüchtete und Migrant*innen richten und das völkische Heimatverständnis der Neuen Rechten zementieren. Drei Beispiele:

(1) Mitte 2016 startete Ein Prozent die bundesweit koordinierte Aktion „Heimat im Blindflug": Die Augen von Denkmälern bedeutender Dichter und Denker sollten mit einer Augenbinde verbunden und der Spruch „Blind in den Untergang?" mit Schablonen, Sprühkreide und Schildern angebracht werden. Die Aktion sei „ein Ruf an alle Deutschen, gründlich darüber nachzudenken, in welcher Gefahr unser Land, unser Volk und unsere Kultur schweben, wenn die Protestbereitschaft im Land weiter vom Wegsehen dominiert wird" (Ein Prozent, 6.6.2016). Die Augenbinde sei das „Symbol dieser selbstverordneten Blindheit". In einigen Städten wurde die intern koordinierte Aktion umgesetzt und entsprechend online beworben.

(2) Ende November 2017 gab Ein Prozent die Gründung der AG „Netzwerk Landraum" bekannt. Es ist ein Projekt, „das sich dem Erhalt und dem Ausbau des ländlichen Kulturraums widmet" (Ein Prozent, 29.11.2017). Familien sollten aus „überfremdeten Großstädten" in ländliche Strukturen ziehen, um sich vor Ort zu verankern. In der Beschreibung der AG hieß es: „Von den Landsiedlern wird Pioniergeist und die Bereitschaft erwartet, sich in der ländlichen Struktur aktiv einzubringen." So suchte Ein Prozent „Pioniere", „Investoren" und „Mäzene". Die AG-Verantwortlichen schrieben: „Helfen Sie als Mäzen den fleißigen Pionieren beim Aufbau einer Nähmanufaktur für konservative Mode."

(3) Ein Prozent bewarb und unterstützte zwischen 2017 und 2018 die rassistischen Proteste von Zukunft Heimat im brandenburgischen Cottbus. Alle zwei Wochen sprachen Funktionär*innen von AfD, Ein Prozent und den Identitären. An den Protesten beteiligten sich zahlreiche Hooligans und Neonazis. Im Verlauf der Proteste erklärte Ein Prozent die Stadt zur „Protesthochburg". Bei den Bundestagswahlen 2017 avancierte die

AfD zur stärksten Partei in der Stadt. Zugleich festigte sich die Neue Rechte vor Ort: Ein Prozent und Identitäre unterstützten Mitte 2018 die Eröffnung der „Mühle“. Laut Ein Prozent ist sie ein „Infoladen, der zum sicheren Hafen der heimatliebenden Brandenburger werden soll“ (Ein Prozent, 13.6.2018).

Die personellen Verbindungen zwischen AfD, Ein Prozent und Identitären sind eng, das belegen nicht zuletzt die Entwicklungen in Cottbus. Mehr noch: Sie befinden sich in ein und derselben Argumentationslinie. Das theoretische Gerüst, das sie in ihren Aktionen, Demonstrationen und Reden verwenden, ist identisch. Nicht nur neonazistische Vereinigungen wie die Deutsche Liga für Volk und Heimat, die Heimattreue Deutsche Jugend und der Thüringer Heimatschutz, aus deren Organisation der rechtsterroristische Nationalsozialistische Untergrund (NSU) hervorging, beziehen sich auf einen exklusiven, völkisch geprägten Heimatbegriff. In der politischen Rechten erlebt das exklusive Heimatverständnis im Allgemeinen eine Renaissance. Der Debatte um Heimat, Identität und Kultur liegt die Frage zugrunde, wie das Volk definiert wird. Nach Überzeugung der Völkischen – von AfD bis HDJ – ist die Reinheit die zentrale Voraussetzung für die Zugehörigkeit zum deutschen Volk. Nur die Reinheit gewährleistet die ethnische Homogenität des Volkes. Mit der freiheitlich-demokratischen Grundordnung ist diese Haltung nicht vereinbar.

3. „Was die Ahnen einst erschufen"

Die Rapper Komplott und Chris Ares und die Neue Rechte

Unter dem Motto „Europa Nostra – Identität verteidigen – Heimat bewahren“ fand am 25. Oktober 2018 eine Großveranstaltung der Identitären Bewegung auf der Cockerwiese in der Dresdner Innenstadt statt. Daniel Fiß, der Vorsitzende der deutschen Identitären, meldete die Veranstaltung an. Bereits Ende Juli 2018 frohlockte er im neurechten Weblog Sezession, es werde ein „Tag der identitären Gegenkultur“ (Fiß, 31.7.2018). Zwar sollte die Veranstaltung das „Woodstock“ (Fuchs/Middelhoff 2019: 194) der Identitären werden, jedoch besuchten tagsüber lediglich etwa 500 Menschen die angebotenen Stände und Vorträge. Laut *Belltower News* sank die Zahl der Teilnehmenden im Verlauf des Tages deutlich (vgl. Sommerlich, 27.8.2018), obwohl am Abend die beiden Headliner des Events die Bühne betraten: die Rapper Komplott und Chris Ares. Zwar erhoffte sich das Netzwerk der Neuen Rechten um Identitäre und Ein Prozent ein weitaus größeres Publikum. An diesem Abend konnten die Beteiligten dennoch einen Grundstein für eine erstarkende Musikszene der Neuen Rechten legen.

Das Netzwerk der Neuen Rechten investiert zunehmend in metapolitische Projekte. Die Metapolitik, um die sich die selbsternannten „Rechtsintellektuellen“ bemühen, zielt auf die „Kulturrevolution von rechts“ (Alain de Benoist). Um Jugendliche und junge Erwachsene im vorpolitischen Raum mit entsprechenden Botschaften anzusprechen, ist Musik ein probates Mittel. Insofern wird die Bedeutung der Musik für die neurechte Szene in den kommenden Jahren sicherlich zunehmen. Die Bemühungen, aus den Reihen der Neuen Rechten eine eigene Musikszene zu entwickeln, setzten im Jahr 2016 ein: Komplott, der erste Rapper aus dem Umfeld der Identitären, veröffentlichte seinen ersten Track, der rasch zur „Hymne der Identitären Bewegung“ (Montag, 21.10.2016) avancierte. „Was die Ahnen einst erschufen, / mit Blut, Schweiß und Tränen, / voller Leidenschaft und Geisteskraft / in hunderten von Leben“[1] – im Track „Europa“ erzählt der Rapper einen Mythos. Der europäische Kontinent sei die „Wiege der Erde“ und der „Quell dieser Welt“. Die Überhöhung ins Göttliche ist fester Bestandteil des Mythos. Es heißt, Europa sei ein „heiliges Gut“, das eine „götterhafte Schöpferkraft“ besitze. Die Erzählung des Mythos reicht bis zur Behauptung, „keine Panzerkette, keine Naturgewalt, kein Wutanfall der Welt“ habe die europäischen Staaten in der Vergangenheit auseinanderbrechen können. Dass allerdings ein aggressiver Nationalismus in zwei Weltkriege („Wutanfall der Welt“) mündete und Millionen Menschen das Leben kostete, wird an dieser Stelle verschwiegen. Die Tatsache bleibt unerwähnt, denn die erbitterte Feindschaft zwischen den europäischen Staaten passt nicht zur vermeintlich ruhmreichen, ehrenhaften Geschichte Europas. Bereits die Rede vom „Wutanfall der Welt“ deutet an, dass die Verantwortung für den Ausbruch der beiden Weltkriege und für die Spaltung Europas nicht in den Händen von nationalistisch gesinnten Führern gelegen habe. Während die blutigen Kriege unerwähnt bleiben, wird behauptet, der europäische Kontinent liege heute „invalide im Sterben“. Er sei „zerschunden, verschwunden in wenigen Jahrzehnten, verraten und verkauft von seelenlosen Hyänen“. Wer Europa vernichte, wird im weiteren Verlauf des Liedes deutlich. Der gesamte Liedtext ist durchtränkt von Schlagworten der Identitären: Der „Große Austausch“ gefährde die „ethnokulturelle Kontinuität“, weshalb die „Reconquista der Heimat“ erforderlich sei. Die Reconquista meint gemeinhin die historische Rückeroberung der südiberischen Gebiete (Andalusien) zwischen dem 8. und 15. Jahrhundert und die Zurückdrängung des muslimischen Einflussbereichs in Europa. Die politische Rechte überträgt die damalige Rückeroberung in die heutige Zeit und fordert die Zurückdrängung der vermeintlichen „Islamisierung“ Europas. Die rassistische Botschaft ist im ersten Augenblick klug verpackt: Es heißt, die „ethnokulturelle Kontinuität" werde durch Menschen bedroht, „die so aussehen wie Robinsons Freitag". Es wird nicht von Schwarzen Menschen, Migrant*innen oder Geflüchteten gesprochen, stattdessen macht der Rapper eine Andeutung auf das Erscheinungsbild eines Schwarzen Menschen aus dem Roman „Robinson Crusoe". Der Rassismus wird im Track mit klassischen Themen der Neuen Rechten verknüpft: Heimat und Identität, „Islamisierung" und „Überfremdung". Deshalb ruft der Rapper mehrfach zum „zum Verteidigen des Eigenen" auf: „Wir werden unsere Fahne tragend / in den Heldenkampf marschieren."

Zwischen „Rassenlehre" und Ethnopluralismus

Im März 2017 berichtete das Recherche-Kollektiv Sachsen-Anhalt rechtsaußen über die extrem rechten Verstrickungen des Jurastudenten und Rappers Komplott. Demnach war er aktives Mitglied der neonazistischen Gruppe AG Schwaben und nahm an mehreren Demonstrationen der Neonazi-Szene im gesamten Bundesgebiet teil, ehe er sich wenige Jahre später in das Umfeld der Identitären begab. Bereits 2012 produzierte er unter dem Pseudonym Subverziv einen Mobilisierungs-Track für den „Nationalen Antikriegstag" in Dortmund. Organisiert wurde die Neonazi-Demonstration vom Nationalen Widerstand Dortmund, der im August 2012 durch den Innenminister von Nordrhein-Westfalen verboten wurde (vgl. Sachsen-Anhalt rechtsaußen, 2.3.2017).

Wie das Recherche-Kollektiv feststellte, spielte der Ethnopluralismus, die Vorstellung eines Europas der ethnisch homogenen Völker, bereits in diesen Zeilen eine zentrale Rolle: „Die Völker sehnen sich wieder nach Freiheit. / Die Einheit vereint, auf in die glorreiche Zeit. / Viel zu lange waren Freunde als Feinde geteilt. / Aufgespalten von den gleichen, schleimigen Schweinen, / die auch heute noch die Welt in allerlei Kriege treiben. / […] / Für ein freies Europa / in Eintracht gegen diese staatenlosen Verbrecher." Die Vorstellung, überstaatliche Mächte würden die Völker Europas in Kriege treiben und vernichten, knüpft an antisemitische Bilder und Stereotype an, die in der Neonazi-Szene bis heute weit verbreitet sind. In der zweiten Strophe wird der Rapper noch deutlicher: „Sieh diese Welt an, siehst du den Weltenbrand? / Dieses Land da im Westen im Geltungsdrang / und dieser Staat da am Toten Meer mit dem Hexagramm / stecken für Macht und Geld die ganze Welt in Brand.“ Ohne Scheu verrät der Rapper, wer diese „Schweine“ seien: Israel und die Vereinigten Staaten von Amerika. In den folgenden Zeilen beschreibt der Rapper mit Blick auf die deutsche Geschichte, wie sich die europäischen Völker gegen die „Schweine“ zur Wehr setzen sollten: „Heldenhaft zogen einst die Männer in die Schlacht, / und bekämpften diese Macht namens Geldherrschaft. / Nach mehr als einem halben Jahrhundert können wir ahnen, warum das damals war. / Weil sie alles kaputtmachen, alles in Schutt und Asche legen. / […] / Doch es gibt noch diese Menschen, die ihre Ziele kennen / und gegen diese Dinge kämpfen, die sie Frieden nennen.“ In den Verbrechen des NS-Regimes, die vom Überfall Polens, der damals den Beginn des Zweiten Weltkrieges markierte, bis zur systematischen Ermordung von sechs Millionen europäischen Jüdinnen und Juden reichen, sieht er berechtigte und notwendige Maßnahmen zur Bekämpfung der „Macht“. Im Anschluss schlägt der Rapper den Bogen zur Gegenwart: Etwa 70 Jahre nach der bedingungslosen Kapitulation der Wehrmacht kämpften Menschen wie Subverziv in der Hoffnung und im Bewusstsein, „ihre Ziele“ zu erreichen.

Rap für „Jugendliche ohne Migrationshintergrund“

Wenige Jahre später: Subverziv nennt sich ab sofort Komplott, im Netz wird sein Track „Europa“ als „Identitärer Rap aus Halle“ bezeichnet. Allerdings war laut Sachsen-Anhalt rechtsaußen eine tiefere Verbindung nach Halle nicht erkennbar. Vermutlich sollte die Bezeichnung seine Identität schützen und die Reichweite des Tracks steigern. Schließlich beteiligte sich der Hallenser Ableger der Identitären, Kontrakultur Halle, an der Finanzierung und sammelte Spenden für seine Musik. Der Raum Halle entwickelte sich nach Einschätzung der linken Monatszeitung *analyse & kritik* im Laufe der vergangenen Jahre mehr und mehr zum „Drehkreuz“ (Barthel/Peter/Wagner, 18.4.2017) der Neuen Rechten. Das hat mehrere Gründe: eine ausgesprochen starke AfD, die eines der wenigen Direktmandate bei den Bundestagswahlen im September 2017 erhielt, die Halle-Leobener Burschenschaft Germania und das rund 50 Kilometer entfernte Institut für Staatspolitik (IfS) um Götz Kubitschek. Das Gemisch aus AfD, IfS und Burschenschaft ermöglichte die Etablierung eines Hausprojekts des Hallenser Identitären-Ablegers. Der Eigentümer des viergeschossigen Altbaus, der sich in der Adam-Kuckhoff-Straße gegenüber des Steintorcampus der Hallenser Universität befindet, ist seit Anfang 2017 der Gründer der IfS-nahen Titurel-Stiftung (vgl. Sachsen-Anhalt rechtsaußen, 18. 6.2017).

Die Hallenser Identitären wollen, so beschreibt das Kampagnenprojekt Ein Prozent dessen Selbstverständnis, den „Aufbau einer neuen patriotischen Gegenkultur“ vorantreiben, um eine „solidarische Gemeinschaft für deutsche Jugendliche zu bieten“ (vgl. Ein Prozent, 11.4.2016). „Sie treiben gemeinsam Sport, veranstalten regelmäßig Kulturabende, Feiern, Vortragsveranstaltungen, Wanderungen, Kanufahrten und vieles mehr, um eine Alternative zur heutigen, oberflächlichen Konsum- und Partykultur darzustellen.“ Das Selbstverständnis klingt idyllisch, aber hinter der Fassade versteckt sich eine politische Agenda, die auf eine „Konservative Revolution“ in der Bundesrepublik abzielt. Der Raum Halle ist eine „Modellregion“ (Barthel/Peter/Wagner, 18.4.2017) für die Zusammenarbeit zwischen unterschiedlichen Gruppen der Neuen Rechten. Sie eint ein und dieselbe politische Agenda. Das Hausprojekt bündelt die Kräfte finanziell wie personell (vgl. Richter, 04.11.2017). Ein Prozent, das fest in diesem Netzwerk verankert ist, bewarb den „ersten identitären Rap“ mit regelrecht pragmatischen Worten. Weil

Rap fester Bestandteil des Hier und Jetzt sei und das Musikgenre ohne Zweifel viele Jugendliche erreiche, stelle sich die Frage: „Warum sollte man also diese Art von Musik nicht einmal auf patriotische Art und Weise interpretieren?“ (Ein Prozent, 1.6.2016) Ebenso schrieb *Kontrakultur Halle* über die Veröffentlichung: „Wir nutzen alle Möglichkeiten, unsere eigene Kultur und unsere Werte stark zu machen, und freuen uns, der Jugend ohne Migrationshintergrund identitären Rap […] präsentieren zu können.“

Dass Rap seinen Ursprung in migrantisch geprägten Communitys hat und sich in seinen Kinderschuhen durch ein antirassistisches Selbstverständnis auszeichnete, blendet die Neue Rechte aus. Sie macht keinen Hehl aus der Tatsache, dass sie Rap für ihre Ziele instrumentalisiert. Die neurechten Rap-Projekte sollen sich gezielt an Jugendliche und junge Menschen richten, die bisher keinen Kontakt zur politischen Rechten hatten. Indem die Liedtexte häufig harmlos wirken, soll die politische Agenda des neurechten Rap verschleiert werden, um möglichst viele für deren geschickt verpackte Inhalte zu begeistern. So schreibt Ein Prozent, die Musik leiste einen „wichtigen Beitrag“, um Heimatliebe und Patriotismus „auf kreative und ansprechende Art an unsere Jugend heranzutragen“. Die Neue Rechte versucht, mit Rap eine Subkultur für sich und ihre Ziele zu nutzen. Die Liedtexte lassen Spielraum für Interpretationen und sind häufig nicht offensichtlich rechts. Dass Identitäre und Ein Prozent Rap für ihre Ziele benutzen, zeigte sich bereits ein Jahr zuvor; Anfang 2016 bewarben die Identitären schon einmal einen Rapper (vgl. Montag, 21.10.2016): Dissziplin. Zwar stammte der Cottbusser Rapper nicht aus den eigenen Reihen und bekannte sich damals nicht ausdrücklich zur selbsternannten Jugendbewegung, aber er fiel gelegentlich durch völkische Töne in seinen Songs auf: „Das ist Schwarz-Rot-Gold. / Das ist mein Blut, mein Stolz, mein Volk.“[2]

NS-Rap in der „nationalen Bewegung"

Die Debatte zur Frage, wie die politische Rechte mit Rap und seiner anfangs migrantisch und antirassistisch geprägten Geschichte umgehen soll, entflammte bereits vor Jahrzehnten; damals stellte sich die Frage nicht in neurechten, sondern in neonazistischen Kreisen. 2006 präsentierten die beiden Rapper King Bock und MaKss Damage ihre ersten Reime mit extrem rechten Inhalten. Das Neonazi-Publikum verhielt sich zunächst zurückhaltend. Allzu präsent waren die Bilder der Rapper*innen mit Migrationsgeschichte, um die Reime in der „nationalen Bewegung" anzunehmen (vgl. Argumente & Kultur gegen Rechts 2015: 21). Mittlerweile ist die Hemmschwelle gegenüber dem sogenannten „NS-Rap" gesunken, inzwischen produzieren unter den etwa 200 aktiven Rechtsrock-Bands in Deutschland mehrere Musiker wie MaKss Damage und Mic Revolt neonazistische Rap-Tapes. Bis heute ist NS-Rap zwar zahlenmäßig weitestgehend unbedeutend, aber in der Neonazi-Szene erlangt er zunehmende Bedeutung und trägt zur Modernisierung der Szene bei. Der NS-Rapper MaKss Damage, der vor Jahren den Anstoß für die extrem rechte Variante des Rap gab, treibt die „Öffnung" des Rechtsrock wesentlich voran. MaKss Damage, der seit 2008 in der HipHop-Szene aktiv ist, verstand sich zunächst als Stalinist und „glühender Kommunist" (Radke/Staud 2012: 96) und provozierte in der linken Szene mit antisemitischen Liedtexten. Im Lied „Arabisches Geld" rappt er: „Ich leite Giftgas lyrisch in Siedlungen, die jüdisch sind"[3]. Im Jahr 2011 vollzog er einen fundamentalen Wandel von Links- nach Rechtsaußen und wandte sich der Neonazi-Szene zu. In einem Statement schrieb er, nun verstehe er sich als „angehender Nationaler Sozialist" (Radke/Staud 2012: 97). Seitdem ist er der zentrale Akteur des NS-Rap, da ihn „einen guten Flow, interessante Beats und intelligente Reime" (Raabe, 26.10.2015) auszeichnen. Dadurch klingt er vor allem für Jugendliche, die erstmalig mit NS-Rap in Berührung kommen, authentisch.

MaKss Damage äußerte 2012 in einem Interview mit dem neonazistischen Portal FSN.tv auf die Frage, welche Bedeutung er dem NS-Rap beimisst: „Ich denke, es gibt im Moment keine bessere Möglichkeit, als in den […] NS-Rap zu investieren und diese musikalische Bewegung […] im Aufbau zu unterstützen" (FSN.tv 2012). Er sieht im Rap eine „unglaublich gute Propagandaform", um Jugendliche erreichen zu können. 2015 gründete er das Label „Reconquista Records" und veröffentlichte sein Album „2033". Das Album wurde trotz eindeutig rassistischer und NS-verherrlichender Liedtexte nicht von der Bundesprüfstelle für jugendgefährdende Medien indiziert (vgl. Roth, 24.4.2017).

Insgesamt fällt MaKss Damage durch seine radikalen Liedtexte auf: Im Lied „Die Faust geht zum Kopf", welches er gemeinsam mit King Bock produzierte, spielt er unter Getöse von Gewehrschüssen auf die Ermordung seiner politischen Gegner*innen an: „Das Zeckenpack wollte mich brechen, sie haben's sicher gut gemeint. / Ich stecke sie alle gemeinsam in den nächsten Zug nach Buchenwald. / Wasch mich mit der Seife ab, genieß' den Lampenschirm."[4] Im Nationalsozialismus wurden die sterblichen Überreste der Opfer in den Vernichtungslagern teilweise zu Seife und Lampenschirmen verarbeitet. Die Anspielung darauf verhöhnt die Betroffenen in besonderem Maße. Im Track „Ich bin ein Rassist" bekennt MaKss Damage freimütig: „Zu mir kannst Du ruhig Nazi sagen, denn ich stehe dazu"[5] (vgl. Springstoff, 23.5.2015) In dieser Radikalität unterscheidet sich der NS-Rap à la MaKss Damage deutlich von den Liedtexten des neurechten Rappers Komplott. Nach Gewaltaufrufen und einer offenen NS-Verherrlichung sucht man in seinen Songs vergeblich. Jedoch finden sich rassistische Inhalte sowohl im neurechten als auch im NS-Rap. Sprachlich sind sie hingegen unterschiedlich verpackt. Über „kriminelle Gangs" rappt MaKss Damage beispielsweise: „Früher hätte man so etwas [hier: Geräusch eines Pistolenschusses]. / Jetzt toben sie sich bei uns aus, kriegen den Zaster reingeschoben, stechen junge Deutsche ab, während die Bullen danebenstehen und aus purer Angst so tun, als hätten sie es nicht gesehen."[6] Zweifelsohne klingt Komplott weniger aggressiv, aber die Botschaften, die er an gesellschaftliche Minderheiten wie Migrant*innen und Geflüchtete sendet, sind am Ende ähnlich.

Antisemitismus und Genozid-Wahn

Nachdem der Rapper Komplott einen gelungenen Einstieg und erste Erfolge in der Szene gefeiert hatte, veröffentlichte er ein Jahr später, im Jahr 2017, gemeinsam mit Chris Ares die „Bastion EP" mit drei Tracks von Komplott, drei Tracks von Chris Ares sowie zwei gemeinsam produzierten Tracks. Ein Prozent sammelte Spenden, um die EP zu finanzieren. In der Szene wurde die Veröffentlichung gefeiert, on- und offline wurde euphorisch über die EP berichtet. So schrieb das neurechte, Mitte Juni 2016 gegründete *Arcadi Magazin* beispielsweise, die EP sei eine inspirierende „Komposition aus Heimatliebe, Patriotismus und Rebellentum", die allen Patriot*innen aus dem Herzen spreche (vgl. Arcadi Magazin, 16.2.2017).

Auf der EP befindet sich neben „Europa" der Track „Gestern und Morgen"; darin zeichnet Komplott das Bild einer explizit germanischen Ahnenreihe, die seit mehreren Jahrtausenden nach Freiheit trachte. Im ersten Vers beschreibt er dieses vermeintlich einende Band der Deutschen zwischen Vergangenheit, Gegenwart und Zukunft: „Wir waren ein Volk von Poeten, von Apologeten / Opernkomponisten mit Posaunen und Trompeten / Gläubige Deutschretter mit einem Kreuz in der eisernen Hand / Für das heilige Land / Ein einendes Band, ein gleißender Brand / Flammende Herzen mit treibender Kraft / Dichter und Denker, Worte der Mystik / Spirituelle und Forscher der Physik / Gelernte Juristen, Expressionisten / Krieger und Soldaten vieler Heldengeschichten / Bauern und Arbeiter, Mägde und Zofen / Damen in Schlössern mit prächtigen Roben / Prinzen und Könige, reitende Husaren / Kreischen der Fanfaren, schwarzweiße Fahnen / Immer bereit, alle Feinde zu zerschlagen / – germanische Freiheit seit 2000 Jahren."[7] Der Musiker erzählt die Mär einer makellosen, ungebrochenen Traditionslinie der Deutschen. Dass das „Volk der Dichter und Denker" in Anbetracht der unzähligen Kriege und grausamen Machthaber ebenso ein „Volk der Richter und Henker“ sein könnte, vernachlässigt er. So spart er beispielsweise die Jahrzehnte andauernde Geschichte des Kolonialismus in der Kaiserzeit, die elende Geschichte der zwei Weltkriege sowie die systematische Ermordung von Millionen Menschen in der Zeit des Nationalsozialismus aus, obwohl diese Ereignisse die Gegenwart bis heute maßgeblich prägen. Der Rapper unterschlägt diese Ereignisse, die ohne Zweifel tiefe Einschnitte der deutschen Geschichte markierten. Stattdessen seien die Deutschen ein starkes und tapferes, ehrenhaftes und ruhmreiches Volk, das sich in seiner tausendjährigen Geschichte stets gegen seine Feinde zur Wehr gesetzt habe. Im dritten Vers, der mit einer nationalistischen Überhöhung der Deutschen beginnt („Mein Volk, wie kein zweites auf der Erde“), verwendet der Rapper antisemitisch geprägte Bilder, um die angebliche durch überstaatliche Mächte gesteuerte Bedrohung und Vernichtung der Deutschen zu beschreiben: „Mein Volk, wie kein Zweites auf der Erde / Heute bricht der Wolf in deine Herde / Noch bist du blind, noch bist du taub / Schlangenzungen haben deine Sinne geraubt / Tyrannen halten dich mit Hass und Verachtung / In Agonie, paralysierter Umnachtung / […] Du schlafender Riese, du ahnst es noch nicht / Wie viel Kraft in dir ist, wie viel Macht du besitzt / Wenn du erwachst von dem krankmachenden Gift / Sie führen Krieg gegen dich, Genozid gegen dich / Glauben, man kann einen Stamm einfach tauschen / Spiel dieses perfide Spiel nicht mehr mit!“[8]

Die Bilder und Stereotype, die sich bereits im Mobilisierungs-Track von Subverziv finden ließen, ziehen sich wie ein roter Faden durch das Repertoire des Musikers. Zwar ist die Sprache heutzutage weniger eindeutig antisemitisch, jedoch sind antisemitisch besetzte Begriffe wie „Hochfinanz“[9] und „Kriegstreiber“[10] nicht gänzlich aus seinen Liedtexten verschwunden; gelegentlich tauchen sie in den Zeilen einzelner Lieder auf. Der Track „Gestern und Morgen“ ist das eindrücklichste Beispiel für die inhaltliche Konstante. Er zeigt beispielhaft, wie nahe sich

Antisemitismus und die identitäre Theorie des „Großen Austausches“ stehen. Das antisemitische Moment der Ideologie wird an dieser Stelle besonders deutlich. Schließlich ist die Schlange eine Tiermetapher, die durch den christlichen Antijudaismus im Mittelalter geprägt wurde. In antisemitischen Kreisen wird das Bild seit Jahrhunderten verwendet, um zu behaupten, Menschen jüdischen Glaubens wollten die Völker Europas vergiften („Genozid“).

Fantasien und Verschwörungsmythen

Die Tracks seines Rap-Kameraden Chris Ares sprechen eine ähnliche Sprache. Das verrät eine nähere Betrachtung seiner Liedtexte. Auch er scheint überzeugt zu sein, dass die Deutschen damals wie heute ausgelöscht werden sollen. So erwähnt er im Lied „Invictus“ mehrfach den sogenannten „Hooton-Plan“, der in antisemitischen und verschwörungsideologischen Kreisen beliebt und weit verbreitet ist. Er rappt: „Wir zerschlagen unsere Fesseln zwischen Hooton und Geheimplan“[11]

Der US-amerikanische Paläoanthropologe, Rassentheoretiker und Vertreter der „Eugenik“ Earnest Hooton publizierte Anfang 1943 einen von Kriegspropaganda durchtränkten Artikel im *New York daily newspaper Picture Magazine*. Vertreter*innen der „Eugenik“ streben eine Vergrößerung positiv bewerteter Erbanlagen und eine gleichzeitige Verkleinerung negativ bewerteter Erbanlagen an. Das NS-Regime goss die „Rassenhygiene“ bereits im Juli 1933 in Gesetzesform („Gesetz zur Verhütung erbkranken Nachwuchses“). Es folgten Zwangssterilisationen und die systematische Vernichtung „lebensunwerten“ Lebens. Hooton schlug die Ansiedlung nichtdeutscher Bevölkerung im Deutschen Reich vor, um „den deutschen Nationalismus und die aggressive Ideologie zu zerstören“. Im Sinne der „Eugenik“ wollte er die vermeintlich angeborenen kriegerischen und räuberischen Neigungen der Deutschen durch Kreuzung mit Nichtdeutschen beseitigen. Der Titel seines Artikels lautete entsprechend: „Breed war strain out of Germans“ (deutsch: „Die Kriegs-

DNA aus den Deutschen herauszüchten"). Zwar wird innerhalb der extremen Rechten bis heute behauptet, die Alliierten verfolgten diesen Plan zur Vernichtung der Deutschen, jedoch spielte der Artikel nach seiner Publikation nie eine Rolle in der amerikanischen Politik. Die Behauptung, der „Hooton-Plan" werde heute wie damals insgeheim durchgeführt, trägt einzig zur Dämonisierung der Vereinigten Staaten und zur Opferstilisierung der Deutschen bei.

Nach der gemeinsamen EP veröffentlichte Chris Ares mehrere einzelne Tracks. Der Track „Genozid am Volk" (2019) knüpft nahtlos an die Vorstellung des deutschen Opfers an, das vernichtet werden solle und deswegen in seiner Existenz bedroht sei. In der ersten Zeile rappt er bereits: „Schau gut hin, denn sie wollen uns jetzt vernichten!"[12] Verantwortlich seien die „Amerikaner und deren ganze Hochfinanz-Strukturen, / die die ganze Welt beherrschen […]". Erneut führen die Spuren an die US-amerikanische Ostküste, wo die angeblichen Drahtzieher, die mächtigen, einflussreichen Jüdinnen und Juden, sitzen. Die Bilder einer kleinen Finanzelite („Hochfinanz") ergänzt er in den folgenden Versen durch weitere Bilder des modernen Antisemitismus, in denen er von „blutsaugenden Völkerfeinden" und „Internationalisten" spricht.

Im Netzwerk der Neuen Rechten verankert

Neben Komplott ist Chris Ares – in der griechischen Mythologie ist Ares der Gott des Krieges, des Blutbades und des Massakers – der einflussreichste Rapper im Spektrum der Neuen Rechten. Im Netz wurde er im Laufe der vergangenen Jahre erstaunlich erfolgreich. 2018 abonnierten mehr als 30.000 Menschen seine Facebook-Seite, 2019 folgten ihm über 60.000 (Stand: Frühjahr 2019). Für einen Rapper, der sich unumwunden im Milieu der Neuen Rechten bewegt, ist das zweifelsohne eine erhebliche Anzahl an Abonnent*innen. Im Wesentlichen postet er Selfies mit und ohne seinen Hund, Fotos mit Wiesen und Wäldern und Zitate berühmter Persönlichkeiten wie Immanuel Kant und Theodor Fontane. Gelegentlich zitiert er einfach sich selbst. Wenn er das Weltgeschehen, meist Beiträge gegen Geflüchtete und Migrant*innen, kommentiert, wird seine geistige Nähe nach Rechtsaußen rasch deutlich. In der Vergangenheit verbreiteten die Identitären seine Videos und er verbreitete Videos der Identitären (vgl. Nahrhaft/Schindler, 3.3.2017).

Auf der Facebook-Seite der Identitären stand, Ares habe die Rap-Szene vom „schmuddeligen migrantisch geprägten Ghettorap" in ein Milieu verwandelt, „welches es sich zur Aufgabe gemacht hat, die wichtigen Fragen um unsere ethnokulturelle Identität in den Fokus zu rücken" (Montag, 21.10.2016). Die Nähe zur Identitären Bewegung verwundert nicht, schließlich ist der Rapper seit mehreren Jahren mit ihr vernetzt. Zwischenzeitlich war er nach Einschätzung der Süddeutschen Zeitung die „Schlüsselfigur" und das „Sprachrohr" (Nahrhaft/Schindler, 3.3.2017) des mittlerweile inaktiven Bundes Deutscher Patrioten (BDP), der den Identitären nahestand. In dieser Zeit geriet der Rapper durch einen Zwischenfall am Rande einer AfD-Wahlparty in der bayerischen Hauptstadt in die Schlagzeilen: Im September 2016, wenige Minuten vor der Verkündung der Landtagswahlergebnisse in Mecklenburg-Vorpommern, soll er eine Gruppe antifaschistischer Demonstrant*innen und Journalist*innen attackiert haben. Er sei nach Angaben der *Huffington Post* bereits aus einer Entfernung von 100 Metern auf die Gruppe losgerannt (vgl. Steinau, 6.9.2016). Ein Fotograf, der aussagte, der Rapper habe mit einem gestreckten Bein auf ihn eingetreten, ihn bespuckt und ins Gesicht geschlagen, erlitt eine Kopfverletzung, ein weiterer Fotograf eine Rippenprellung. Wenig später äußerte sich der Rapper in einem Videobeitrag: Die Berichterstattung sei das eindrücklichste Beispiel, „wie Medien die Wahrheit verdrehen" würden. Vermummte hätten einen seiner Kameraden angegriffen, zudem habe ein Fotograf ihm ein Pfefferspray ins Gesicht gehalten. Am Ende habe er sich in der Verpflichtung gesehen, „die Demokratie zu verteidigen", und somit aus Notwehr gehandelt. Twitter-Fotos hingegen belegen seine Attacke (vgl. Wild, 4.9.2016).

Aus seiner Sympathie zur AfD macht Chris Ares keinen Hehl, in der Vergangenheit sprach er gelegentlich im Rahmen von Kundgebungen der Partei. Ein Beispiel: Am 12. März 2016 trat er im oberbayerischen Geretsried ans Mikro, hielt einen Redebeitrag und rappte zwischen den Beiträgen der Redner*innen die beiden Songs „Generation Deutschland“ und „Deutscher Patriot“. Auf der Brust trug er das Logo des BDP. Währenddessen schwenkten seine Kameraden die gelb-schwarzen Fahnen der Identitären. Wenige Monate später trug er das BDP-Logo erneut auf seiner Brust: Am 5. November 2016 trat er im Rahmen einer „Merkel muss weg“-Demonstration in Berlin an der Seite des einschlägig bekannten Funktionärs der extremen Rechten, Manfred Rouhs, auf. In seiner Rede beschwerte sich Chris Ares lauthals über „70 Jahre der Propaganda und 70 Jahre der Teilung“ und beklagte, nachdem er die Geschichte seiner Großeltern aus Böhmen und Mähren erzählt hatte, den Verlust der Ostgebiete nach Ende des Zweiten Weltkrieges. Wie könnte man die „Teilung“ vor 70 Jahren anders deuten? Er äußerte sich zur Schuld der Deutschen am Ausbruch des Zweiten Weltkrieges und an der Shoah und forderte die Zuhörer*innen auf, mit dem angeblichen „Schuldkult“ zu brechen: „Seit so vielen Jahren wird uns eingetrichtert, dass wir gebückt gehen sollen, dass wir der ganzen Welt etwas schulden. Ich sage: Schluss damit, gehen wir aufrecht und kämpfen für unsere Identität.“

Diese Gedanken brachte er bereits in seinen Liedtexten zum Ausdruck. Im Track „Deutscher Patriot“ beispielsweise rappt er: „Ein gebücktes Volk seit 70 Jahren / und du darfst nicht mehr sagen, dass du stolz bist, deutsch zu sein / ohne nicht Gefahr zu laufen, in einem rechten Eck zu landen.“[13] Auch im Track „Generation Deutschland“ widmet er sich der Erzählung eines erniedrigten, gebückten Volkes: „Ein ganzes Volk geht auf die Knie, / gebückt und voller Selbsthass“[14]. Am Ende seiner Rede betonte er die Geschlossenheit unter allen Beteiligten der

Demonstration. Sie seien „in den Farben getrennt und in der Sache vereint". Damit spielte er auf eine beliebte Parole der Hooligan-Szene im Fußball an. Es müssten alle, „egal unter welcher Flagge", Seite an Seite kämpfen: „Wir müssen selbstlos handeln für unser Land und unsere Heimat". Anschließend spielte er seinen 2016 veröffentlichten Track „Heimat".

Die Mär vom Land der Tapferen und Tüchtigen

In der Kurzbeschreibung des programmatischen Titels „Heimat" steht geschrieben, der Rapper – der „weder rechts noch links" sei – spreche „über Gefühle, welche er empfindet, sobald er an seine Heimat (Deutschland) denkt". Damit wolle er zur gesellschaftlichen Legitimierung patriotischer Gefühle beitragen. Denn: „Sein Land und sein Volk zu lieben, ist weder fremdenfeindlich noch verwerflich, es ist das normalste [sic!] der Welt." (Chris Ares, 17.5.2016) Die inhaltliche Botschaft seines Statements und des Liedtextes ist einfach gestrickt. Sie lautet, Deutschland ist seine „Heimat". Das *exklusive* und völkische Verständnis der Heimat wird erst durch die Bildsprache des dazugehörigen Videos deutlich. Mehrfach werden darin die sogenannten „Trümmerfrauen" eingeblendet, die sich am Ende des Zweiten Weltkrieges in vielen Städten Deutschlands und Österreichs beteiligten, die Trümmer der zerbombten Gebäude wegzuschaffen. Im Video werden sie zum Symbol eines kämpferischen, tapferen Volkes, das die Heimat selbst nach Kriegsende verteidigt. Jedoch waren jene Frauen neben Kriegsgefangenen und zwangsverpflichteten Nationalsozialist*innen nur eine Gruppe, die sich um die Beseitigung der Trümmer kümmerte.

Die „Trümmerfrauen" werden im rechten Diskurs oftmals glorifiziert, um anzudeuten, dass sie all das aus Heimatliebe und Patriotismus getan hätten. Allerdings stellt sich die Frage: Was blieb ihnen an dieser Stelle? Viele Frauen verloren im Krieg ihre Familienangehörigen. Sie blieben zurück und kümmerten sich an der „Heimatfront" um Herd und Kinder. Insofern ist die Instrumentalisierung der Frauen, die sich nach der Kapitulation der Wehrmacht um die Beseitigung der Trümmer kümmern mussten, perfide.

So rappt Chris Ares: „Uns're Ahnen hatten ein' Wahnsinnserfolg / Gebaut aus dem Nichts und entstanden aus Trümmern / Die Mütter und Töchter, die sich darum kümmerten / Brannten vor Sorge und Liebe um Vaterland, Heimat / Als sie uns're Städte zertrümmerten“[15]. Dass das NS-Regime einen brutalen Angriffskrieg startete, die „Arisierung“ ganzer Kontinente anstrebte und Berlin zur „Welthauptstadt Germania“ ausbauen wollte, bleibt unerwähnt. Der Kontext ist von wesentlicher Bedeutung, um verstehen zu können, weshalb „sie uns're Städte zertrümmerten“. Ohne die Erzählung des Kontextes wird in diesen Zeilen der Eindruck erweckt, die Alliierten hätten Deutschland durch flächendeckende Bombardements vernichten wollen.

Im Track „Heimat“ wird deutlich, wer seiner Meinung nach Bestandteil des „deutschen“ Volkes ist. Das Zeichnen einer Ahnenreihe der Dichter und Denker, der Literaten und Wissenschaftler scheint omnipräsent. Die Liste der Lieder, in denen die ehrenhafte, ruhmreiche Geschichte der Deutschen erzählt wird, setzt sich fort. Im Track „Deutscher Patriot“ wird der Rapper besonders deutlich: „Meinen Werten bin ich treu / Die Traditionen meiner Heimat / In den Herzen sind wir deutsch / Wir stehen für Disziplin und Bildung / Für Sebastian Bach und Goethe / Bismarck, Albert Einstein, Bosch und Marx sind Deutschlands Söhne.“[16] Die Aufzählung weißer, alter Männer verdeutlicht, wer seiner Ansicht „deutsch“ ist. Er fordert, Deutschland solle „inländerfreundlich“ werden, kurze Zeit später wird im Video des Tracks ein in rechten Kreisen beliebtes Transparent mit der Parole „Heute sind wir tolerant, morgen fremd im eigenen Land“ eingeblendet. In anderen Liedtexten widmet er sich der Furcht vor einer angeblichen „Überfremdung“ durch „Ausländer“ und „Fremde“.

Die Feindbilder sind vor allem Geflüchtete und Migrant*innen. Recht eindrücklich zeigt sich dies im Lied „Niklas & Victor (†17&16)“; darin instrumentalisiert er die Verbrechen einzelner, um das Bild des „kriminellen Ausländers“ zu verstärken: „Täterbeschreibung wird durch Medien oft verschwiegen. / Aber Polizeiberichte legen offen, welchen Trieben diese Tiere folgen, / sie stör'n ganz offen unser'n Frieden.“[17] Den vermeintlichen Täter*innen wird das Menschsein abgesprochen. Stattdessen seien sie Tiere, die keine Vernunft, sondern nur Triebe hätten. Aus einzelnen Straftaten stellt er die Verbindung zur Asyl- und Migrationspolitik der Regierung her und leitet die Forderung nach einer sofortigen Schließung der Grenzen ab. Es heißt: „Ich kann das nicht nachvollziehen, was sie gewissenlos in unser Land holen. / Man darf nicht pauschalisieren, ja richtig. / Aber viele von den Menschen, die zu uns kommen, fliehen eben nicht vor Kriegen.“

Geistige Vordenker: Götz Kubitschek und Björn Höcke

Insgesamt zeigen die Liedtexte der beiden Rapper Chris Ares und Komplott: Heimat bedeutet Exklusion. Das völkische Heimatverständnis, das sie in ihren Rap-Songs transportieren, spricht all denjenigen Menschen eine Heimat in Deutschland ab, die aus Sicht der Neuen Rechten eine Bedrohung für die ethnische Homogenität des deutschen Volkes darstellen. Die Rapper, die sich seit Jahren im Netzwerk der Identitären Bewegung und des Kampagnenprojekts Ein Prozent bewegen, haben geistige Vordenker.

Die wichtigsten Stichwortgeber sind – neben den Identitären selbst – der neurechte Multifunktionär und Netzwerker Götz Kubitschek sowie der Thüringer AfD-Fraktionsvorsitzende Björn Höcke. Die ideologisch gefestigte Sprache, die die Rapper in ihren Liedtexten zum Ausdruck bringen, enthält stets wiederkehrende Stichworte wie „Genozid“, „Überfremdung“ und „Umvolkung“, die in den letzten Jahren insbesondere von Kubitschek und Höcke in die gesellschaftspolitische Debatte eingespeist wurden. Dass in den Videos der Rapper Redebeiträge von Kubitschek und Höcke eingeblendet werden, zeigt, welchen Stellenwert die beiden für das Denken und Handeln der Musiker besitzen. So wird im Komplott-Video zum Track „Europa" eine Rede von Kubitschek gezeigt, die er im Rahmen einer Pegida-Demonstration in Dresden hielt. Im Video zum gemeinsamen Track „Widerstand" wird eine Rede von Höcke eingespielt.

Im Anfang 2019 erschienenen Buch „Das Netzwerk der Neuen Rechten" nehmen Kubitschek („Der Stratege") und Höcke („Der Ideologe") eine zentrale Rolle ein (vgl. Fuchs/Middelhoff 2019). Die Verbindung zwischen Kubitschek und Höcke ist eng: In der Vergangenheit fiel hin und wieder der „recht enge Kontakt" (Höcke) zwischen ihnen auf. So veröffentlichte Kubitschek bereits im Oktober 2014 in der *Sezession* ein Doppelinterview mit Björn Höcke und Stefan Scheil. Das Gespräch zwischen den Weggefährten entstand einige Monate, bevor die enormen Wahlerfolge der AfD bei den Landtagswahlen der Jahre 2015 und 2016 einsetzten. Im Rahmen des Interviews verwies der Herausgeber des neurechten Magazins auf die innige langjährige Verbindung zwischen Höcke und ihm. Im Wortlaut sagte er: „Björn, wir kennen uns nicht erst seit gestern, will sagen: nicht erst, seit du nun die AfD in Thüringen als Fraktionsführer im Landtag [...] führst [...]." (Kubitschek, 15.10.2014) Ausgerechnet Kubitschek verfasste laut *New York Times* das Gründungspapier von Der Flügel um Höcke (vgl. Angelos, 10.10.2017). Im November 2015 lud das Institut für Staatspolitik (IfS), das Kubitschek vor knapp 20 Jahren gründete und heute führt, den Thüringer AfD-Fraktionsvorsitzenden zum Herbstkongress ein. In seiner Rede zum Thema „Asyl – eine politische Bestandsaufnahme" bekannte Höcke freimütig, das IfS sei für ihn eine „Oase der geistigen Inspiration" und aus der Lektüre des IfS ziehe er sein „geistiges Manna" (vgl. Speit 2016: 173).

Dass Höcke unverhohlen über seine ideologische und personelle Nähe zur Neuen Rechten spricht, zeigt, wie selbstsicher sich der AfD-Politiker in seinen Netzwerken bewegen kann. Jedoch sorgte die Rede aus anderen Gründen für bundesweite Schlagzeilen. Höcke begann seinen Vortrag mit einer kurzen Geschichte aus seiner Jugend: Am Abend des 9. November

1989 schauten er und sein Vater die abendliche Folge der *Tagesschau*, in der über die Grenzöffnung berichtet wurde. Die Nachricht habe sie „gefühlsmäßig überwältigt", weshalb sich die beiden unter Tränen in den Armen lagen. Als sich die beiden voneinander gelöst und sich tief in die Augen geblickt hatten, sagte der Vater: „Das ist das Ende des deutschen Volkes." Totenstille. Keine Regungen. Auf jedes Wort seiner emotional verpackten Erzählung folgte eine theatralische Kunstpause. Der Satz spielt auf die Einwanderungspolitik im Westen an, schließlich habe sein Vater „die seit Jahrzehnten ablaufende Multikulturalisierung Westdeutschlands" verfolgt und ein „Anwachsen der nichtassimilierten Parallelgesellschaften in den Ballungsgebieten des Westens" beobachtet. In der DDR hingegen blieb das ethnisch homogene Volk der Deutschen durch deren rigide Einwanderungspolitik weitestgehend erhalten, im Staat sei die „über Jahrhunderte gewachsene und belastbare Vertrauensgemeinschaft" intakt gewesen. Der Satz seines Vaters hat Höcke nachhaltig geprägt. Schließlich leitete er aus dem Erlebten die Forderung ab, die AfD sei gegenwärtig die „letzte friedliche Chance für unser Land", um die „multikulturelle Revolution von oben" zu stoppen.

Was passiert und passieren soll, wenn die AfD in ihrer vermeintlich historischen Mission scheitert, lässt der Politiker offen. In seiner kurzen Erzählung gibt er allerdings tiefe Einblicke in sein Verständnis eines deutschen Volkes, dessen Existenz durch Einwanderung und „Vermischung" bedroht sei und daher umgehend geschützt werden müsse. Es wird deutlich, wer aus seiner Sicht deutsch ist und nicht deutsch sein kann. Die Vermutung liegt nahe, dass Migrant*innen, die aus verschiedenen Gründen nach Deutschland gekommen sind und einen deutschen Pass besitzen, keine Deutschen sein können. Für Höcke sind Migrant*innen eine existenzielle Bedrohung, gegen die sich die AfD mittels „Remigration" zur Wehr setzen müsse. Folgt man allerdings seiner Rede auf dem Rittergut, zeigt sich, dass die Bedrohungslage, die Höcke skizziert, noch weitaus größere, ganz grundsätzliche Ausmaße hat. Denn er ist überzeugt, die

Evolution habe Afrika und Europa zwei unterschiedliche „Reproduktionsstrategien" beschert. Während in Afrika die „r-Strategie" herrsche, dominiere in Europa die „K-Strategie". Um das reproduktive Verhalten von Menschen zu beschreiben, bedient sich Höcke einer Typologisierung, die üblicherweise in der Biologie verwendet wird, um unterschiedliche Fortpflanzungsstrategien von Lebewesen zu beschreiben. Während Säugetiere nur wenige Jungen gebären und sich intensiv um sie kümmern („K-Strategie"), bringen andere Lebewesen möglichst viele Jungen zur Welt, damit wenigstens einige überleben („r-Strategie"). Es ringe der afrikanische „Ausbreitungstyp" gegen den europäischen „Platzhaltertyp". Daher urteilte Höcke: „Solange wir bereit sind, diesen Bevölkerungsüberschuss aufzunehmen, wird sich am Reproduktionsverhalten der Afrikaner nichts ändern." Das Magazin *Panorama*, das zuerst über die Rede Höckes berichtete, wies auf die rassistische Weltsicht des AfD-Politikers hin, die er in seinen Ausführungen verbreitete. Die Botschaften stünden „in einer Linie mit der Rassentheorie des Nationalsozialismus" (Panorama, 11.12.2015).

Heimat, Heimat, über alles! – Höckes Kampf um die Deutungshoheit des Heimatbegriffs

Höcke möchte die Heimatdebatte vorantreiben. Im November 2015 präsentierten Höcke in Erfurt und Gauland in Magdeburg die gemeinsam verfassten „5 Grundsätze für Deutschland" (vgl. Häusler 2016: 48). Der fünfte Grundsatz lautet: „Deutschland war die Heimat unserer Vorfahren. Deutschland muss als Heimat unserer Kinder erhalten bleiben. Deutschland ist unsere Heimat – unser Land – und unsere Nation!" In Höckes Positionierungen ist der Heimatbegriff sehr präsent. Wieso treibt er die Besetzung des Begriffs voran?

Im Interview mit Hagen Grell betonte Höcke, es gebe familiäre Gründe, weshalb für ihn die Frage nach der Heimat etwas Besonderes und Wichtiges sei. Der selbsternannte Investigativjournalist Grell suchte das Gespräch, um der Öffentlichkeit das

Persönliche, Private und Unpolitische des Menschen Björn Höcke zu zeigen. Was am Ende blieb, war die Verharmlosung und Verklärung eines extrem rechten Politikers. Höcke schilderte, seine Großeltern seien einst aus Ostpreußen und Pommern vertrieben worden. Theatralisch schilderte er Szenen aus seiner Kindheit: Wenn er seine Großeltern in den Ferien besuchte, erzählten sie ihm abends, sobald er sich ins Bett gelegt hatte, die rührenden, sehnsüchtigen und schmerzhaften Geschichten von früher (vgl. Grell, 28.7.2017).

Ein Blick in die Arbeit Höckes und seiner Thüringer AfD-Fraktion offenbart allerdings die Absicht der Heimatdebatte. Die Instrumentalisierung des Begriffs wurde spätestens im August 2017 deutlich, als die Fraktion ihre „Initiative der Einführung eines Landesprogrammes zur Heimatbewahrung und -pflege" vorstellte. Das Landesprogramm trug den Titel „Meine Heimat – Mein Thüringen". Die Notwendigkeit des Programms begründete sie mit dem wachsenden „Heimat- und Identitätsverlust" (AfD Thüringen 2017: 3) durch die Folgen der Globalisierung und Migration. Die Lösung sah die Fraktion in „Heimatbildung", „Heimatfesten", „Heimatschulen" und in der Verleihung des Thüringer „Heimatpreises". Im Landesprogramm bezeichnete sich die AfD Thüringen passend als „Die Heimatpartei. Für Heimat und Identität".

Im März 2018 sprach Höcke in einer Landtagsrede über die Renaissance der Heimat. Während seine Fraktion die Heimat bewahren und schützen wolle, schaffe die Thüringer Landesregierung sie „im Sinne einer globalistischen Gleichschaltung" ab (vgl. AfD-Landtags-TV, 25.3.2018). Das im April 2018 veröffentlichte Positionspapier „Leitkultur, Identität, Patriotismus" schloss daran an. Die beiden Dokumente verdeutlichen, wie sehr der Heimatbegriff für die eigene politische Agenda in Szene gesetzt wird; stets wird Heimat der multikulturellen Gesellschaft entgegengestellt (vgl. AfD Thüringen 2018).

In demselben Monat wurde Höcke in die Gesprächsrunde *Fakt ist!* eingeladen. Das Thema der Sendung lautete „Was heißt hier Heimat – Geliebter Ort oder politischer Kampfbegriff?“ In der Runde warf er den anwesenden Politiker*innen von CDU und SPD vor, die Regierungspolitik ziele auf die kontinuierliche „Heimatzerstörung“ ab. Während die „Altparteien“ versuchten, die Heimatdebatte der vergangenen Monate für sich „politisch auszuschlachten“, sei die AfD die einzig „authentische Heimatpartei“. Schließlich wehre sie sich gegen die vermeintlich „illegale Masseneinwanderung“ (vgl. Fakt ist! Aus Erfurt, 16.4. 2018).

Am 14. Mai 2018 sprach Höcke erstmals in Dresden im Rahmen einer Pegida-Demonstration. Sein Heimatverständnis einer ethnisch homogenen Gemeinschaft begründete er ausgerechnet mit der Menschenwürde: „Es ist ein Teil der Menschenwürde, in einer in Generationen gewachsenen Gemeinschaft [...] einen angestammten Raum als Heimat zu besitzen, zu bewohnen und ihn zu gestalten.“ (AfD Thüringen, 14. 5.2018) Ein Teil der Menschenwürde sei auch die Entscheidung, wer Bestandteil dieser Gemeinschaft ist. Kurzum: Höcke konstruiert ein „Heimatrecht“ als „Menschenrecht“. Deshalb kämpfe Pegida für die Menschenwürde und das „bedrohte Heimatrecht“. Indem der AfD-Politiker das Leben in einer ethnisch homogenen Gemeinschaft zum Menschenrecht erklärt, erweckt er den Eindruck, der Alltag in einem vielfältigen Einwanderungsland sei menschenunwürdig und mit der Menschenwürde unvereinbar. Während Höcke sprach, trugen ein paar Mitglieder seines Kreisverbandes vor der Bühne ein Transparent mit den Worten des Thüringer Politikers: „Heimat ist ein kostbares Gut, das beschützt werden muß“. Im Verlauf seiner Rede wurde Höcke noch deutlicher. Wenn er etwa behauptete, „eine Politik, die Menschen ihre Heimat raubt, ist ein Verbrechen gegen die Menschlichkeit“, rückte er die derzeitige Asyl- und Migrationspolitik der Bundesregierung in die Nähe eines Völkermords. Bereits einige Monate zuvor spielte er auf einen Genozid an: „Es geht, vor dem Hintergrund einer nie dagewesenen Migration, um nichts Geringeres, als unser Deutschland und unser Europa vor einem Kultur- und Zivilisationsbruch historischen Ausmaßes, ja, einer kulturellen Kernschmelze zu bewahren." (Der Flügel, 7.9.2017)

Indem Höcke vom „Zivilisationsbruch" spricht, verwendet er Worte, die zuvor ausschließlich verwendet wurden, um die Schrecken der Shoah zu beschreiben. Damit vollzieht Höcke einen sprachlichen Tabubruch, der in der öffentlichen Debatte folgenlos blieb. Das ist ein Beleg für die allmähliche Verschiebung der Grenze des Sagbaren. In Dresden erklärte Höcke indessen: „Nicht Kulturen, nicht Völker und nicht Nationen sind und waren die Ursachen für Kriege, für Vertreibung, ja für Völkermorde. Nein, das waren sie nicht." In antisemitischer Manier nennt Höcke stattdessen die „Kräfte der Auflösung", die „wenigen dunklen Männer im Hintergrund, die von Gier und Machtwillen und Machtstreben zerfressen sind". Er deutet an, geheime Mächte – und nicht das NS-Regime – seien für die Verbrechen der Shoah und des Zweiten Weltkrieges verantwortlich.

Ein Jahr zuvor sorgte seine sogenannte „Dresdner Rede" für Empörung. Die Rede gewährt tiefe Einblicke in sein Verständnis deutscher Geschichte. So behauptete Höcke, die Alliierten hätten über Jahrzehnte hinweg versucht, das deutsche Volk anfangs durch Bombardements, später durch „reeducation" zu vernichten. Er sagte im Wortlaut: „Mit der Bombardierung Dresdens und der anderer deutscher Städte wollte man nichts anderes als uns unsere kollektive Identität rauben. Man wollte uns mit Stumpf und Stiel vernichten, man wollte unsere Wurzeln roden. Und zusammen mit der dann nach 1945 begonnenen systematischen Umerziehung hat man das auch fast geschafft. Deutsche Opfer gab es nicht mehr, sondern es gab nur noch deutsche Täter." (Der Tagesspiegel, 19.1.2017)

Der Versuch, einen Völkermord an den Deutschen zu verüben, setzt sich, davon ist Höcke überzeugt, bis heute fort. Die AfD hingegen sei die „letzte evolutionäre Chance für unser Vaterland" und die einzige Partei, die sich gegen die „kollektiven Kräfte der Auflösung der One-World-Ideologen und ihrer Verbündeten“ zur Wehr setze. Das verdeutlicht nochmals, dass der antisemitische Verschwörungsmythos einer kleinen, mächtigen Elite, die hinter den Kulissen die Fäden zieht, die Nationen auflösen und eine Weltregierung („One World“) errichten will, eine bedeutende Rolle spielt. Die Rede des früheren Bundespräsidenten Richard von Weizsäcker zum „Tag der Befreiung“ nannte Höcke eine „Rede gegen das eigene Volk“, das Denkmal für die ermordeten Juden Europas ein „Denkmal der Schande“ und die Gedenkkultur der Bundesrepublik eine „dämliche Bewältigungspolitik“. Am Ende forderte er eine „erinnerungspolitische Wende um 180 Grad“. Nicht die Schreckens-, sondern die Heldentaten der Deutschen, nicht Mahnmale, sondern Denkmäler sollten künftig in den Mittelpunkt deutscher Geschichtspolitik gestellt werden. Das würde das Ende der staatlichen Erinnerungspolitik an die Shoah bedeuten.

Vom Säen und Umgraben – Kubitscheks metapolitische Bodenbereitung

Höckes treuer Weggefährte Götz Kubitschek gründete 2000 gemeinsam mit Karlheinz Weißmann im hessischen Bad Vilbel das Institut für Staatspolitik (IfS). In demselben Jahr gründete er den Verlag Antaios, der zum wichtigsten Herausgeber neurechter Literatur avancierte. Im Verlag erschien wenige Jahre später erstmals das Theorieorgan *Sezession*, das heute in neurechten Kreisen eine tragende Rolle spielt. Im Selbstverständnis des Magazins geben Kubitschek & Co. preis, dass alles, was AfD, Identitäre und Pegida in diesen Tagen auf die Straße tragen, „in unserer Zeitschrift vorausgedacht, ausformuliert und in die Debatte erst eingespeist“ wurde. Durch eine geschickt verpackte „Metapolitik“ wollen sie, die selbsternannten „Rechtsintellektuellen“, die angeblich linke Hegemonie stürzen. Ihre Freude über die Entwicklung der letzten Jahre brachte Ellen Kositza, Kubitscheks Ehefrau und Autorin der *Sezession*, im Gespräch mit *3sat Kulturzeit* zum Ausdruck: „Wenn man sich überlegt, wie lange wir an all den Themen, die jetzt aufs Tablett [sic!] kommen, sitzen und arbeiten und das kommt einem so ein bisschen vor, als ob man lange gesät, lange umgegraben hätte, und jetzt werden die Sachen fruchtbar." (3sat Kulturzeit, 9.3.2016)

Das Säen und Umgraben, über das Kositza sprach, betrifft rückblickend auch die Deutungshoheit über Heimat. Die Debatte entflammte in einer Zeit, in der Kubitschek die Bühnen der *gida-Proteste in Dresden und Leipzig betrat. In neurechten Kreisen wurde der Begriff bereits zuvor debattiert: Im September 2013 lud das IfS zur 14. Sommerakademie. Sie stand unter dem Motto „Heimat". Damals steckte die AfD noch in den Kinderschuhen, erst wenige Monate zuvor hatte sich die Partei gegründet. Heute sind die Redner der damaligen Veranstaltung fest im Netzwerk der AfD verankert. Das belegt ein im April 2018 vorgestelltes Rechercheprojekt von *taz*, *der rechte rand* und *apabiz*. Wenige Monate nach Einzug der AfD in den Bundestag informierten sie über die Hintergründe der Mitarbeiter*innen der neuen Bundestagsabgeordneten (vgl. Gürgen/Jakob/am Orde, 13.4.2018). Der IfS-Geschäftsführer Dr. Erik Lehnert beispielsweise, der im Rahmen der Sommerakademie über die „Philosophie des Ortes" referierte, ist heute im Bundestagsbüro von Prof. Dr. Harald Weyel tätig. Über „Die Gestaltung der Heimat" sprach Sebastian Hennig, der gemeinsam mit Höcke den umstrittenen Gesprächsband „Nie zweimal in denselben Fluß" veröffentlichte. Im Anschluss an die Sommerakademie erschien die dazugehörige Ausgabe der *Sezession*; sie trug den Titel „Heimatboden". Im Kern reicht die gesellschaftliche Heimatdebatte noch mehrere Jahre zurück.

Bereits im Jahr 2010 geschah nach Einschätzung des Rechtsextremismus-Experten Hajo Funke der „Dammbruch" (Funke/Mudra 2018: 15): Der frühere Berliner Finanzsenator Thilo Sarrazin veröffentlichte sein Buch „Deutschland schafft sich ab". Es wurde innerhalb kürzester Zeit zum Bestseller. Die Popularität Kubitscheks wäre nicht ohne den Erfolg Sarrazins möglich gewesen. Im Gesprächsband „Tristesse Droite" bezeichnete Kubitschek ihn als „Rammbock" (vgl. Speit 2016: 12), denn seit der Veröffentlichung sei das Sprechen über „bestimmte Dinge" einfacher geworden. Weiter: „Das war eine Resonanzbodenerweiterung für uns, Begriffe wurden ventiliert, die wir seit Jahren zuspitzen, aber nicht im Mindesten so durchstrecken können, wie Sarrazin das konnte." Das IfS veröffentlichte in dieser Zeit einen schmalen Band mit dem Titel „Der Fall Sarrazin – Eine Analyse", der nach Angaben des neurechten Vordenkers über 15.000 Mal verkauft wurde (vgl. Speit 2016: 120–121). Die rechte Monatszeitschrift *Compact* platzierte das Gesicht Sarrazins auf das Cover der Oktober-Ausgabe und titelte: „Der nächste Bundeskanzler? Was eine neue Volkspartei erreichen kann". Drei Jahre später, im Jahr der AfD-Parteigründung, lud das Magazin ihn zur sogenannten „Konferenz für Souveränität" ein. Sarrazin referierte über das Thema „Werden die Völker Europas abgeschafft?"

Nach Einschätzung des Historikers Volker Weiß fanden durch das Buch „Stichworte der Neuen Rechten den Weg in die breite Öffentlichkeit" (Weiß 2017: 10). Das Buch brachte die „latente bürgerliche Krisenstimmung" zum Ausdruck, heizte das gesellschaftliche Klima in der Gesellschaft an und verschob die Grenzen des Sagbaren massiv. Wie die Verschiebung dieser Grenzen aussah, zeigt ein Blick in sein Buch. Der Bestsellerautor beklagte eine „Massenimmigration von bildungs- und kulturfernen Gruppen aus Afrika, aus Nah- und Mittelost" (Sarrazin 2010: 393), nannte Migration eine „Landnahme" (Sarrazin 2010: 257) und behauptete, die „enorme Fruchtbarkeit der muslimischen Migranten" stelle eine „Bedrohung für das kulturelle und zivilisatorische Gleichgewicht im alternden Europa dar" (Sarrazin 2010: 267). Durchweg richtete sich das Buch mit pauschalen Urteilen gegen die Religion des Islam. Er verknüpfte die Religion und ihre Gläubigen mit Bildungsdefiziten sowie einer hohen Kriminalitäts- und Fertilitätsrate. In Anlehnung an seinen Buchtitel befürchtet er, die Deutschen seien in ihrer Existenz bedroht. Somit machte er das üblicherweise in extrem rechten Kreisen beliebte Motiv des drohenden „Volkstods" für die

Breite der Gesellschaft zugänglich und schürte eine Angst, die sich nachhaltig in den Köpfen von unzähligen Menschen festsetzte. Wenige Jahre später manifestierte sich diese Angst in der AfD. Die Alternative, die Sarrazin damals beschrieb, stimmt in der Sprache und im Inhalt mit den Positionen der heutigen AfD durchaus überein. Er schrieb, das „europäische Abendland" müsse seine „kulturelle Identität" bewahren. Die Lösung sei ein „Europa der Vaterländer" (Sarrazin 2010: 308).

Erinnerung und Geschichte ohne Shoah?

Komplott veröffentlichte Mitte 2018 sein erstes Solo-Album mit dem Titel „weiszes kaninchen". Im Track „Counterculture Eastside" feiert er die vermeintliche „Gegenkultur" des Ostens, und behauptet, Ostdeutschland sei das „Widerstandsland". Beiläufig fällt der Name Sarrazins. Die Inhalte und Sprache des Albums, das durch Ein Prozent unterstützt wurde, weisen wohl die Richtung, die der neurechte Rap in den kommenden Jahren gehen wird. „Aggressive Lieder, tiefgreifende Gedanken, Lebensgefühl, Melancholie und Freude" – mit diesen Worten wird das Album im Shop der Identitären beschrieben. Das Politische spielt eine wesentliche Rolle. Die Rede vom Genozid an der weißen Bevölkerung zieht sich durch das Album. Der Rapper nennt ihn explizit („Let's fight against fucking white genocide!"[18]) und greift sogar auf das antisemitisch geprägte Bild der „Schlangenbrut", die „vom Thron" gestoßen werden müsse, zurück.

Die Annahme, das weiße Europa solle systematisch durch eine liberale Einwanderungspolitik vernichtet werden, beschreibt er im Track „Zweitausendfünfzehn". Der Tracktitel spielt auf den 4. September 2015 an. Um Geflüchteten zu helfen, die aus Ungarn kamen und sich in schwerster Not befanden, entschieden die Bundeskanzlerin Angela Merkel und der österreichische Kanzler Werner Faymann, die deutsch-österreichischen Binnengrenzen aus humanitären Gründen nicht zu schließen. In rechten Kreisen wird in der Entscheidung bis heute ein Rechtsbruch, mehr noch: eine Einladung zur „illegalen Masseneinwanderung" gesehen. Komplott rappt dazu: „Utopie, Unverstand, kunterbuntes Wunderland / but we will defend Europe bis zum Untergang! / Das ist unser Boden, unser Leben – unser Traum, / und das seit Äonen, wir geben dich nicht auf!"[19]

Im Anschluss daran behauptet er, die Asyl- und Migrationspolitik der Bundesregierung zwinge die Weißen in einen „Vernichtungskampf". Im Wortlaut: „Was dieses Regime mit unserm Kontinent gemacht hat, / haben Dschingis Khan, Stalin und Napoleon nicht geschafft. / Noch niemals stand die weiße Welt in so einem Vernichtungskampf, / niemals in der Weltgeschichte gab es diese Ignoranz." Dschingis Khan, Stalin und Napoleon? Dass ausgerechnet Hitler in seiner Aufzählung fehlt, macht stutzig. Schließlich war der „Führer" des Deutschen Reiches für die Verwüstung des europäischen Kontinents und für die Vernichtung von Millionen europäischen Bürger*innen verantwortlich. Die Behauptung, die „illegale Masseneinwanderung" sei ein Genozid an der weißen Bevölkerung und die internationale Staatengemeinschaft schaue dabei tatenlos zu, blendet nicht nur die Faktenlage, sondern auch die deutsche Vergangenheit aus. Ein kurzer Blick in die Geschichte des 20. Jahrhunderts genügt, um eine erschreckende Ignoranz der Weltgemeinschaft festzustellen: Die „Konferenz von Évian" (1938) steht sinnbildlich für die mangelnde Bereitschaft der internationalen Staatengemeinschaft, fliehenden und notleidenden Jüdinnen und Juden zu helfen und Asyl zu gewähren. Die Vertreter*innen von 32 Staaten und 24 Hilfsorganisationen berieten ergebnislos über die steigende Anzahl von jüdischen Geflüchteten aus Deutschland und Österreich. Die Konferenz markierte das moralische Versagen der westlichen Demokratien. Eine ergebnisreiche Konferenz hätte viele Menschen vor der Ermordung in der Shoah retten können.

In Anbetracht dessen erinnern die Zeilen des Rappers an die Aussage Höckes, die Migration sei ein „Kultur- und Zivilisationsbruch historischen Ausmaßes". Auch der AfD-Politiker sparte die Verfolgung und Vernichtung der Jüdinnen und Juden in diesem Zusammenhang aus. Die Andeutungen und sprachlichen Tabubrüche, die sich in Reden und Stellungnahmen der AfD, aber auch in den Liedtexten neurechter Rapper finden, geben einen ersten Einblick, wie eine „erinnerungspolitische Wende um 180 Grad" aussieht. Die systematische Verfolgung und Vernichtung der Jüdinnen und Juden wird in den Erzählungen schrecklicher Verbrechen nicht erwähnt – als hätte es die Shoah nie gegeben.

4. „Ohne Vaterland sind wir heimatlos"

Der Liedermacher Frank Rennicke und die extreme Rechte

„Märtyrer" opfern sich für ihre Überzeugung, sie nehmen Bedrohungen und Verfolgungen auf sich. Das NS-Regime kannte mehrere Hundert angeblicher „Märtyrer" (griechisch: Zeuge) – und nannte sie „Blutzeugen". Der Nationalsozialismus verstand sich als „Bewegung", daher wurden alle Nationalsozialist*innen, die auf dem Weg der NSDAP zur politischen Macht getötet wurden, als sogenannte „Blutzeugen der Bewegung" bezeichnet. Das NS-Regime erzeugte einen regelrechten Heldenkult um sie. Die „Blutzeugen" waren glühende Nationalsozialist*innen und gewaltbereite Putschist*innen, die sich gegen die Weimarer Republik wandten und sie stürzen wollten. Die 16 Männer, die sich am sogenannte „Hitler-Ludendorff-Putsch" (9.11.1923) in München beteiligten und im Verlauf der Auseinandersetzungen mit der Münchner Polizei getötet wurden, sind der beste Beweis.

Adolf Hitler widmete ihnen den ersten Band seines zweibändigen Buches „Mein Kampf", indem er sie im Vorwort namentlich nannte. Nachdem er aus der Haft entlassen wurde, äußerte er, sie seien „durch ihren Märtyrertod zu Blutzeugen des politischen Glaubens und Wollens" des Nationalsozialismus geworden. Mit der Machtübernahme der Nationalsozialisten setzte sich die Verherrlichung der „Blutzeugen" fort: An der östlichen Seite der Münchner Feldherrnhalle wurde auf dem oberen Plateau eine Tafel mit den Namen der 16 Putschisten angebracht. Wer an der von einer SS-Ehrenwache geschützten Tafel vorbeilief, musste den „Hitlergruß" zeigen. Unter der steinernen Statue eines Reichsadlers mit ausgebreiteten Schwingen, der auf einem Eichenlaubkranz mit eingraviertem Hakenkreuz stand, waren die Namen und Porträts der Putschisten mit dem Spruch „UND IHR HABT DOCH GESIEGT!" zu sehen.

In den folgenden Jahren setzte sich der Kult fort: Die Toten wurden aus ihren bisherigen Gräbern auf den Münchner Königsplatz überführt und in bronzenen Sarkophagen in zwei eigens errichteten „Ehrentempeln" erneut beigesetzt. Bis zum Ende des NS-Regimes wurden die „Blutzeugen" verehrt. Welche Bedeutung die Putschisten in der heutigen Neonazi-Szene besitzen, veranschaulicht die Veröffentlichung des Buches „Blutzeugen. Beiträge zur Praxis des politischen Kampfes in der Weimarer Republik" (2008). Das Buch, erschienen im extrem rechten Nordland-Verlag, ist das „erste Buch, welches sich seit dem Jahr 1939 mit den in politischen Kämpfen getöteten Aktivisten der NSDAP bis 1933 in ihrer Gesamtheit befaßt" (Busch 2008: 7). Der letzte bis zur Veröffentlichung des Buches noch lebende Beteiligte am „Hitler-Ludendorff-Putsch" schrieb im Vorwort, er schätze, „daß mit diesem Buch dieser Toten in Ehren gedacht wird" (Busch 2008: 6). Denn er war sich sicher: „Sie fielen für Deutschland."

Jedoch werden die „Blutzeugen" nicht nur in Büchern verehrt. Im Rechtsrock, der sich im Wesentlichen durch antisemitische, nationalistische und pro-nazistische Botschaften auszeichnet, tauchten sie wenige Jahre später auf: Für ihr erstes 2011 veröffentlichtes Studioalbum erfuhr die Rechtsrock-Band Blutzeugen in der Neonazi-Szene enormen Zuspruch. Im Lied „Märtyrer des Reiches" schildern die Musiker ihre Sicht auf die deutsche Geschichte und ordnen sich in die Traditionslinie des Nationalsozialismus ein: „Als treue Streiter unserer Sache / standen sie tapfer und unverwandt / gegen den Sturm des Bolschewismus, / für die Befreiung des Vaterlandes. / Dafür gaben sie ihr Leben, / dafür gaben sie ihr Blut. / Niemals werden wir vergessen / ihren heiligen Heldenmut. // Für Deutschland gefallen – doch unvergessen! / Blutzeugen – Märtyrer des Reichs / Wo immer wir auch unsere Fahnen hissen, / in unseren Reihen marschiert ihr Opfergeist. // Als Märtyrer sind sie gefallen / für ein hohes Ideal. / Kämpften tapfer bis zum Tode / gegen Ungeist und Verfall. / Ihr Leben, Wirken und ihr Denken / waren dem

Reiche nur geweiht. / Sie standen treu in jedem Kampfe. / Schulter an Schulter, Seit' an Seit'."[20]

Das Selbstverständnis der Rechtsrock-Band knüpft nahtlos an die NS-Propaganda an: Die sogenannten „Blutzeugen der Bewegung", die sich „gegen den Sturm des Bolschewismus" stellten, kämpften und fielen für die „Befreiung des Vaterlandes". In den Zeilen wird deutlich, wer Freund und Feind, wer Opfer und Täter ist. Die Bösen richteten ihren „Ungeist und Verfall" gegen die Guten, die „heiligen Heldenmut" und „Opfergeist" bewiesen. Die Rechtsrock-Band besingt das Weltbild des Nationalsozialismus. Das zweite, 2014 erschienene Blutzeugen-Album, das den bezeichnenden Titel „Völkisch Orthodox" trägt, war für die Musiker gewissermaßen der Durchbruch; in der Neonazi-Szene wird das Album als „Meisterwerk", als „eine der besten Platten seit langem", als „weltanschaulicher Rundumschlag" gefeiert (Punikoff hört rein , 18.12.2015). Entsprechend betraten die Musiker zügig große Bühnen: In der Thüringer Kleinstadt Themar im Landkreis Hildburghausen traten sie Mitte Juli 2017 gemeinsam mit einschlägig bekannten Rechtsrock-Bands wie Die Lunikoff Verschwörung und Stahlgewitter beim „Rock gegen Überfremdung II" auf. Laut *Vice* rief der Blutzeugen-Sänger auf der Bühne mehrfach „Sieg Heil!" (vgl. Musial, 17.07.2017). Das Konzert sorgte für bundesweite Schlagzeilen, schließlich feierten über 6.000 Neonazis eines der größten Rechtsrock-Konzerte in der deutschen Geschichte.

Die meisten Bands, die in Themar die Bühne betraten, haben indizierte Alben veröffentlicht. Das Album „Völkisch Orthodox" ist eines der Alben, das sich in die lange Liste der NS-verherrlichenden Rechtsrock-Alben einreiht: Das Cover zeigt die steinerne Statue eines Reichsadlers. Es ist dieselbe Statue, die auf der Ehrentafel für die 16 Putschisten an der Münchner Feldherrnhalle stand. Die Namen, die zur Bandbesetzung auf der Rückseite des Booklets stehen, sind nicht die der Musiker, sondern die von „Blutzeugen" der späten 1920er- und frühen 1930er-Jahre. Die Liedtexte des Albums knüpfen an die

Botschaften des Booklets an. Auf die instrumentale „Kriegserklärung“ des Intros folgt das Lied „Ewig treu“, das von der „nationalen Bewegung“ und deren vermeintlicher Verfolgung handelt: „Trotz Presselügen, Meinungsterror und Überwachung: / Wir bleiben unbeirrt dabei! / Kein Schritt zurück, wohin der Weg auch führen sollte: / Wir bleiben unseren Idealen treu! / [...] / Sie bringen uns den Volkstod, / diese kranken Psychopathen. / Ihre heuchlerischen Ideale / haben sie lange schon verraten. / Meinungsfreiheit eine Illusion / und von Pluralismus keine Spur. / Für uns ist das nichts weiter / als eine rot lackierte Diktatur!“[21] Die parlamentarische Demokratie sei eine „rot lackierte Diktatur“ und ihre Politiker*innen seien „kranke Psychopathen“, die Medien machten „Meinungsterror“ und Journalist*innen verbreiteten „Presselügen“. Die wenigen Zeilen bringen bereits die Verachtung des politischen Systems auf den Punkt. Die Ideale der gezeichneten Feindbilder seien „heuchlerisch“ und zielten auf den sogenannten „Volkstod“ der Deutschen ab.

Nun stellt sich die Frage: Für welche Ideale stehen die Musiker, denen sie angeblich „ewig treu“ blieben? Ein Blick in das umfangreiche, rund 20-seitige DVD-Booklet zum Album zeigt, dass sich die Ideale der Rechtsrock-Band Blutzeugen an den Idealen des Nationalsozialismus orientieren. Diese Ideale sind wahrlich „völkisch orthodox“. Das Booklet zeigt eine Vielzahl an Fotos von Mädchen und Jungen, von Frauen und Männern, die das nationalsozialistische Körperideal zur Schau stellen. Ein paar Fotos bilden athletische Frauen mit blonden, geflochtenen Zöpfen ab, die sich im Speerwurf und Bogenschießen betätigen. Weitere Fotos zeigen ein Heer uniformierter Jungen der Hitlerjugend (HJ) sowie eine Schar junger Mädchen des Bundes Deutscher Mädel (BDM). Die Fotos verkörpern das Ideal einer nordischen „Herrenrasse“. Die Reinheit der „Rasse“ war die Voraussetzung für einen „arischen Geist“. Er bedeutete Kampfgeist und Disziplin, Leistungs- und Opferbereitschaft, Loyalität und Glaube an die „Volksgemeinschaft“. Die meisten Fotos zeigen

Szenen aus der Landwirtschaft: Eine junge Bäuerin trägt große Weizen- und Strohbündel, Bauern hacken und graben auf Äckern. Zwei Jungen, die Sensen über ihren Schultern tragen, schlendern nach getaner landwirtschaftlicher Arbeit nach Hause. Im Hintergrund sind gemähte Felder und Wiesen zu sehen. Sämtliche Fotos stammen aus der Zeit des Nationalsozialismus. Darunter steht jeweils ein Zitat deutscher Dichter und Philosophen.

Ob Goethe, Kant oder Nietzsche: Die wenigsten der zitierten Persönlichkeiten haben die Grauen der NS-Diktatur erlebt. Ihre Worte werden aus dem Kontext gerissen und für NS-Propaganda instrumentalisiert. Damals wurde Ernst Moritz Arndt als Vordenker des Nationalsozialismus betrachtet, heute wird er unter dem Foto eines „arischen" Jungen mit den Worten zitiert: „Darum, oh Mensch, hast Du ein Vaterland, ein heiliges Land, ein geliebtes Land, eine Erde, wonach Deine Sehnsucht ewig dichtet und trachtet." Natürlich verzichtet die Band nicht auf Zitate überzeugter Nationalsozialist*innen. So finden sich Dietrich Eckart, früher Anhänger des Nationalsozialismus und Ideengeber Hitlers, sowie der NS-Kulturpolitiker Kurt Eggers im Sammelsurium der Zitate. In den alten Fotos stecken allerlei Informationen, wie sich die Musiker ihre Heimat vorstellen, mit welchen Idealen und Werten sie diese verbinden. Die Fotos verherrlichen das Deutsche Reich und das Leben im Nationalsozialismus. Sie zeigen die tüchtigen Deutschen auf ihren Äckern und Wiesen, die sich um das Wohl ihrer „deutschen" Sippe und der „Volksgemeinschaft" sorgen. Das ist der Kern des Heimatverständnisses im Nationalsozialismus.

Rechtsrock umfasst unterschiedliche Musikstile

In der Neonazi-Szene hat das Thema „Heimat" eine fundamentale Bedeutung. Das schwarz-weiß-rote Deutschland, worunter Heimat und Großdeutschland in den Grenzen von 1939 verstanden wird, steht im Zentrum des Rechtsrock. Der Politikwissenschaftler Henning Flad stellte bereits Anfang der 2000er-

Jahre fest, dass Deutschland das „zentrale Liebesobjekt" (Flad 2002: 102) in den Rechtsrock-Liedtexten ist. Diese Tendenz hat sich bis heute nicht geändert. Einer, der Heimat seit Jahrzehnten in den Mittelpunkt seines Repertoires gestellt und ihr zahlreiche Lieder mit Titeln wie „Heimatlos"[22] und „Sehnsucht nach der Heimat"[23] gewidmet hat, ist der Neonazi-Liedermacher Frank Rennicke. Er ist seit Jahren ein entschiedener Kritiker „moderner" Rechtsrock-Musik von Bands wie Blutzeugen.

Die kreischend-laute Stimme, der harte Bass und die brachialen Gitarrenriffs widersprechen der Musik, die sich der Liedermacher unter seinem oftmals beschworenen deutschen „Sangesreichtum" vorstellt, der in „nationalen" Kreisen gepflegt werden solle. Bereits in den 1990er-Jahren stellte er sich „mit sorgfältig gezogenem Seitenscheitel, Hemd und gebügelter Stoffhose" (Dornbusch/Raabe 2008: 159) gegen eine Rechtsrock-Szene, die von Skinheads mit Bomberjacken und Springerstiefeln dominiert wurde. Im Neonazi-Fanzine *Frontal* äußerte er 1992: „Ob Skin oder Hooligan, beides sind Modeerscheinungen, die aus England gekommen sind. Ich habe manchmal meine Schwierigkeiten, bei etlichen Vertretern dieser Gruppen ein Deutschtum zu entdecken."

Ab Mitte der 1980er-Jahre trägt Rennicke seine Lieder mit Gitarre und Gesang am Lagerfeuer vor, später nahm er die Lieder auf Kassetten auf (vgl. Raabe, 11.6.2010). Seit Ende der 1980er-Jahre tritt er als extrem rechter Liedermacher regelmäßig auf. Damit war Rennicke neben zahlreichen Rechtsrock-Bands aus der Skinhead-Subkultur einer der Ersten, die extrem rechte Ideologie nach dem Zweiten Weltkrieg durch Musik salonfähig zu machen versuchten. Denn nach 1945 verschwanden völkisch-nationalistische Lieder vollständig aus dem öffentlichen Leben der deutschen Bevölkerung. Das Liedgut des Nationalsozialismus, das weitestgehend aus Marschmusik sowie Wander- und Volksliedern bestand, lebte einzig in extrem rechten Organisationen und Parteien der Bundesrepublik fort (vgl. Dornbusch/Raabe 2002: 10). Somit gab es bis Anfang der

1980er-Jahre keine moderne Musik mit extrem rechten Inhalten. Eine Verbrüderung der Rockmusik mit den Traditionen und Idealen des Nationalsozialismus schien aus ideologischen Gründen unmöglich. Vorerst hatte die Neonazi-Szene den „Anschluss an den Zeitgeist verpasst“ (Staud 2009: 158).

Erst mit der Londoner Punkband Skrewdriver keimte Ende der 1970er-Jahre rassistische und nationalistische Musik auf. Rechtsrock bestand bis Mitte der 1990er-Jahre weitestgehend aus Rockmusik, die in Teilen Punk- und Hardrock-Elemente enthielt. Allerdings spielte Rennicke mit seinen Balladen eine bedeutende Rolle. Die heutige Rechtsrock-Szene fällt durch eine Vielzahl unterschiedlicher Genres auf. Dass unterschiedliche Musikstile durchaus ihren Zweck erfüllen, zeigte das Projekt „Schulhof-CD“ der NPD. Mehr Musikstile bedeuten potenziell mehr Jugendliche, die sich durch Musik angesprochen fühlen und den Weg in die extreme Rechte finden. Auf der ersten „Schulhof-CD“, die vor den sächsischen Landtagswahlen verteilt wurde und den Titel „Schnauze voll? Wahltag ist Zahltag!“ (2004) trug, beteiligten sich neben Frank Rennicke diverse Rechtsrock-Bands und Solo-Musiker*innen. Die Lieder des Samplers sind musikalisch und thematisch breit gefächert. Die Vielfalt der Musikstile sollte allen voran unpolitische Jugendliche ansprechen. Denn junge Menschen identifizieren sich mit unterschiedlichen Jugendkulturen und haben unterschiedliche Geschmackspräferenzen. Das hat die Szene nach Jahrzehnten musikalischer Eintönigkeit im Laufe der Jahre begriffen.

Die musikalischen Unterschiede zwischen Frank Rennicke und Rechtsrock-Bands wie Blutzeugen mögen ebenso groß wie die Skepsis des Liedermachers gegenüber „moderner“ Musik sein. Aber sie sind sich einig, welche Vorstellungen sie von Deutschland haben und was sie unter Heimat verstehen. Das schweißt am Ende solch unterschiedliche Musiker*innen zusammen.

Stilprägender Liedermacher der Neonazi-Szene

Überregionale Medien berichteten Mitte 2012 besorgt, die norddeutsche NPD-Aktivistin Miriam Haack hat ein ehemaliges Dorfschulhaus samt Grundstück im Norden Bayerns erworben. Der Kauf der Immobilie, die sich im kleinen Dorf Unterhartmannsreuth der Gemeinde Feilitzsch im oberfränkischen Landkreis Hof befindet, wurde durch eine gemeinsame Presseerklärung des Landratsamtes Hof, der Gemeinde Feilitzsch und der Sicherheitsbehörden bekanntgegeben. Das Dorf ist wenige hundert Meter von der ehemals innerdeutschen Grenze entfernt. An das 200-Seelen-Dorf grenzen die beiden Bundesländer Sachsen und Thüringen, so liegen zwischen Unterhartmannsreuth und der sächsischen Kleinstadt Plauen, die derzeit eine Hochburg der extrem rechten Partei Der Dritte Weg ist, nur 30 Kilometer.

Kurze Zeit nach der Presseerklärung wurde Rennicke, der zuvor mit seiner ersten Frau und sechs Kindern im mittelfränkischen Altengreuth wohnte, erstmals vor Ort gesichtet (vgl. argumente e.V. 2017: 68). Mittlerweile steht fest, dass Rennicke das 3.500 Quadratmeter große Grundstück mit seiner zweiten Ehefrau Miriam Rennicke (geb. Haack) bezogen hat. Frank Rennicke ist der bedeutendste Liedermacher der Neonazi-Szene, durch seine zahlreichen Auftritte im gesamten Bundesgebiet ist er gut vernetzt und pflegt Kontakte in sämtliche Spektren der Szene. Seit Jahren ist er eine wichtige Integrationsfigur der unterschiedlichen Spektren. Schließlich vereint er mit seinem Erscheinungsbild, seiner Lebensweise und seiner Musik die NPD, Freie Kameradschaften und die extrem rechte Jugendkultur. Er ist ein angesehener, vielfach geschätzter NPD-Kader und eine „einflussreiche Figur innerhalb der extremen Rechten" (Hartl, 23.6.2017).

Vor rund zehn Jahren gelang Rennicke ein Coup: Am 5. April 2009 wurde er zum gemeinsamen Kandidaten der NPD und DVU für die bevorstehende Wahl des Bundespräsidenten nominiert. Damals entsandten die beiden Parteien insgesamt vier Delegierte aus den Landtagen von Brandenburg, Mecklenburg-Vorpommern und Sachsen in die Bundesversammlung. Die Entscheidung zu seiner Nominierung verwunderte Expert*innen, schließlich besaß Rennicke bisher keine bedeutenden Parteiämter. Nach Einschätzung des Rechtsrock-Experten Jan Raabe erhoffte sich die NPD mit Rennickes bürgerlich-konservativem Erscheinungsbild mediale Aufmerksamkeit, am Ende berichteten jedoch nur extrem rechte Medien wie *Deutsche Stimme* und *Nationalzeitung* über seine Kandidatur (vgl. Raabe, 11.6.2010). Dennoch wurde er am 3. Juni 2010, rund ein Jahr später, erneut von der extremen Rechten zum Kandidaten ernannt. Dass er beide Male keinen Erfolg hatte, spielte für seine Motivation keine Rolle. Durch seine Kandidaturen konnte er seinen Einfluss erweitern.

Im Laufe seiner musikalischen Karriere veröffentlichte der extrem rechte Liedermacher über 30 Tonträger. Darüber hinaus ist er mit seinen Liedern auf zahlreichen Samplern vertreten. Um Jugendliche und junge Erwachsene für die „nationale Bewegung" zu gewinnen, beteiligte er sich zum Beispiel am Projekt „Schulhof-CD". Raabe stellte bereits vor Jahren fest, dass seine Musik gewissermaßen „stilprägend" (Raabe, 11.6.2010) ist und er damit ein „Vorbild" für unzählige „Kameraden" ist, die zur Gitarre greifen. In musikalischer Hinsicht ist er der erste Musiker, der die Liedermacher-Tradition mit ihren Wurzeln in der Bündischen Jugend und dem Wandervogel aus ihrem Kontext gelöst hat und unter Beibehaltung des musikalischen Stils in der rechten Jugendkultur und allgemein in extrem rechten Kreisen erfolgreich wurde. Er resümierte: „Die Tradition von Rennickes Liedern reicht von der Bündischen Jugend bis zum Nationalsozialismus." (Raabe, 11.6.2010)

In der Akustikgitarre sehe er das Sinnbild einer Kultur, die ohne Technik auskomme, weshalb bereits das Instrument des Musikers für seine rückwärtsgewandte Ideologie stehe. Der Titel „Ich bin nicht modern"[24] einer später veröffentlichten CD könnte, so Raabe, das Lebensmotto des Liedermachers sein. In der Neonazi-Szene ist er der „Prototyp des Traditionalisten“ (Raabe, 11.6.2010). Rennicke beschreibt sich als „nationaler Barde“, der sich „seit über dreißig Jahren im nationalen Freiheitskampf“ (Rennicke 2018) befinde. Sein politischer Aktivismus drehe sich um „Volk, Familie, Vaterland“. Deshalb widme er sich „vergessenen Themen“ und spreche unangenehme Wahrheiten aus. Wie „unangenehm“ diese „Wahrheiten“ sind, zeigt ein Blick in die Liste seiner Produktionen: Die meisten seiner Tonträger (zunächst Kassetten, später CDs) sind im Laufe der Jahrzehnte durch die Bundesprüfstelle für jugendgefährdende Medien indiziert worden, zuletzt war die 2014 veröffentlichte CD mit dem Titel „Live im Thinghaus“ betroffen (vgl. BpjM, 16.12.2015). Seine Lieder trägt er bis heute vor allem im Rahmen kultureller Veranstaltungen von extrem rechten Organisationen vor.

Die NPD lud ihn häufig ein, die Gesellschaft für freie Publizistik (GfP), die Freiheitliche Deutsche Arbeiterpartei (FAP) und die HDJ waren weitere Veranstalter. Im Prinzip haben sich die Veranstalter bis heute nicht verändert – außer, dass einige (wie die HDJ und die FAP) seit Jahren verboten sind. Über die einfachen Liederabende und die Begleitung von extrem rechten Veranstaltungen hinaus tritt er heute im Rahmen von Rechtsrock-Konzerten mit einschlägig bekannten Neonazi-Bands auf. So trug er seine extrem rechte Ideologie am 6. Mai 2017 neben Bands wie Amok, Die Lunikoff Verschwörung und Nahkampf beim sogenannten „Eichsfeldtag“ im thüringischen Leinefelde vor, der alljährlich von der lokalen NPD um den Neonazi-Kader Thorsten Heise organisiert wird (vgl. Deutscher Bundestag, 4.8.2017). Die Mobile Beratung in Thüringen (MOBIT) zählte für das Jahr 2017 alleine in Thüringen fünf Auftritte des Liedermachers. Hinzu kommen etliche Liederabende im gesamten Bundesgebiet sowie in benachbarten Ländern, etwa in der Schweiz und den Niederlanden (vgl. Deutscher Bundestag 2018). Rennicke verpackt extrem rechte Ideologie in gelegentlichen Sprachwitz – und hat damit sichtlich Erfolg.

Wiking Jugend und Heimattreue Deutsche Jugend

In seinem neuen Zuhause ist Rennicke gut ausgestattet: Im Gewerbeverzeichnis der Gemeinde Feilitzsch ist er mit Tonstudio und Medienvertrieb registriert. Bis heute produziert und vertreibt er seine Tonträger selbst. In einem Offenen Brief wandten sich die beiden bald nach ihrem Einzug an ihre Nachbarschaft und behaupteten, sie seien Opfer von Verleumdungen und Hetze. Zudem schrieben sie, ihnen bedeute die „Dorfgemeinschaft sehr viel" (N.N. 2017: 68). Tatsächlich berichten viele Einwohner*innen, dass sich die Familie im Alltag des Dorfes einzubringen versucht (vgl. Przybilla, 31.7.2014). Neonazis, die in ländlichen Regionen wohnen, bemühen sich oftmals um ein entspanntes, freundliches Verhältnis zu ihren Nachbar*innen, um sich für ihre politische Arbeit den Rücken freizuhalten. Der Liedermacher Rennicke möchte weiterhin ungestört Musik produzieren und vermarkten können. In ihrem Offenen Brief behaupteten die beiden außerdem: „Wohnung und Firmensitz wurden privat gekauft und sollen wie in der Vergangenheit auch künftig Wohn- und Firmensitz sein und haben nichts mit einer Partei zu tun […]." (argumente e.V. 2017: 68)

Die Behauptung, das am Ortsrand gelegene Wohnhaus werde nicht für parteiliche Zwecke genutzt, ist widerlegt: Im Laufe der vergangenen Jahre wurde das Grundstück des einflussreichen Neonazis zum Veranstaltungsort von konspirativ durchgeführten, regelmäßig stattfindenden Treffen der Szene. Das kritisieren lokale Beobachter*innen schon seit Langem, Schätzungen zufolge findet pro Vierteljahr eine größere Veranstaltung in der Immobilie statt. Unter dem Titel „Rennickes rechter Raum" stellte Johannes Hartl im Magazin *Antifaschistisches Infoblatt* fest, das Grundstück werde nach anfänglicher Ruhe „inzwischen regelmäßig für die Durchführung von politischen Veranstaltungen genutzt" (Hartl, 23.6.2017). Selbst der Bürgermeister stellte bereits vor mehreren Jahren fest, es kämen nun „viele Leute zu Besuch" (Przybilla, 31.7.2014) in die ehemalige Schule.

Das Anwesen des Liedermachers scheint sich lokalen Beobachter*innen zufolge „zu einer Schaltstelle für überregionale Neonazi-Aktivitäten und zu einem überregional genutzten rechten Treffpunkt entwickelt zu haben“ (argumente e.V. 2017: 71). Die Sicherheitsbehörden hingegen behaupten bis heute, das Grundstück diene „überwiegend zu Wohnzwecken“ (Bayerischer Landtag, 17.2.2017). Natürlich weiß die extreme Rechte um die strategisch günstige Lage des Grundstücks und nutzt das Potenzial. Im Dreiländereck Bayern-Sachsen-Thüringen bietet sie ihr einen sicheren Rückzugsort für eine ungestörte Durchführung ihrer Veranstaltungen. Das weitläufige Areal erleichtert die Planung kooperativer, länderübergreifender Aktionen und erschwert Störungen.

Vor rund zwei Jahren besuchte die NPD-Zeitung *Deutsche Stimme* Rennicke in seinem Zuhause. Die Redakteurin fragte ihn, während sie gemütlich eine mit Bäumen gesäumte Landstraße am Waldrand entlangschlenderten, wie er seinen Weg zum „Sänger für Deutschland“ fand (vgl. DS-TV 2016). Diese Bezeichnung ist eine Anspielung auf eine Biografie, die der frühere Neonazi Torsten Lemmer bereits Mitte der 1990er-Jahre über ihn veröffentlichte. Im Interview erzählte Rennicke, er sei damals in der Kirche aktiv gewesen. Mit seiner Gitarre wollte er dort in einer Band spielen. Im Laufe der Zeit habe er „Fragen gestellt“ und sei deshalb „ausgegrenzt“ worden. Seine „musikalische Karriere in der Kirche“ sei daher zügig beendet gewesen. Welche „Fragen“ er damals stellte, spart er in seinen Erzählungen bewusst aus. In einem ausführlichen Fragebogen, den er bereits vor Jahren beantwortet und online gestellt hat, deutet er die Richtung dieser „Fragen“ an. Eine Frage lautet: „Wieso ist der ‚böse Adi‘ an allem Schuld?“ (Rennicke 2018)

In frühem Alter begeisterte er sich für die Perspektive der Täter*innen und stellte die Verbrechen des Nationalsozialismus infrage. In seiner Geschichte, die er im Gespräch erzählte, war ihm wichtig, dass er bereits im jugendlichen Alter ein „Systemverfolgter“ gewesen sei. Nachdem er in der Kirche im Alter von zwölf Jahren einen Gitarrenkurs besucht hatte, geriet Rennicke früh in extrem rechte Kreise. In seinem bürgerlich-liberalen Elternhaus sorgte sein Abdriften in die Neonazi-Szene oftmals für Konflikte (vgl. Fahr 1995: 2). Im Gespräch mit der Redakteurin merkte er an, ihn habe bereits in den 1970er-Jahren gestört, „dass so viele Liedermacher gegen Deutschland singen" (DS-TV 2016). Deshalb habe er sich gefragt, wieso kein Liedermacher für Deutschland singe. Seine musikalischen Vorbilder sieht er dennoch in Hannes Wader und Reinhard Mey (vgl. Fahr 1995: 2).

Seit Anfang der 1980er-Jahre beschäftigt sich der 1964 geborene Rennicke mit völkischer Musik, in einer Zeit, in der er sich der 1994 verbotenen, extrem rechten Wiking-Jugend (WJ) anschließt. Die WJ bezog sich mit ihrem Namen auf die skandinavischen Wikinger und verortete sich in der „nordischen Rasse". Zugleich spielte sie auf den extrem rechten Bund Wiking aus den 1920er Jahren und die Division Wiking der Waffen-SS an. Die WJ orientierte sich am Vorbild der HJ, weshalb sie Kinder und Jugendliche auf ähnliche Weise ideologisch und paramilitärisch schulte. Für die Pflege des „Deutschtums", die in der Jugendarbeit bis zum Verbot durch das Bundesinnenministerium eine wesentliche Rolle spielte, war die Bewahrung deutscher Volkstänze und deutscher, vor allem aus der Zeit des Nationalsozialismus stammender Lieder enorm wichtig. Zwischenzeitlich war Rennicke sogar „Jugendführer" der WJ.

Wie nahe Rennicke der 1952 gegründeten und etwa 40 Jahre später im November 1994 durch das Bundesinnenministerium verbotenen WJ stand, die zum Zeitpunkt ihres Verbots mit rund 500 Mitgliedern die bedeutendste Neonazi-Jugendorganisation gewesen ist, belegt seine im Mai 1994 indizierte Kassette „Wir singen Kampf- und Soldatenlieder". WJ-Mitglieder vertonten unter der musikalischen Leitung des Liedermachers über ein Dutzend Lieder. Das Cover der Kassette zeigt einen olivgrün uniformierten, mit Reichsadlern geschmückten Mann, der gerade ein Lied auf seiner Gitarre anstimmt. Das Symbol der WJ, eine schwarze Odal-Rune, ziert das Kassetten-Cover. Auf der Kassette befindet sich das Lied „Ein junges Volk steht auf“: Musik und Text stammen von Werner Altendorf aus dem Jahr 1935, das Lied stand im HJ-Liederbuch und war eines der bekanntesten Lieder der HJ. Es beginnt mit den Worten: „Ein junges Volk steht auf, zum Sturm bereit! / Reißt die Fahnen höher, Kameraden! / Wir fühlen nahen unsere Zeit, / die Zeit der jungen Soldaten! / Vor uns marschieren mit sturmzerfetzten Fahnen / die toten Helden der jungen Nation / und über uns die Heldenahnen, / Deutschland, Vaterland, wir kommen schon!“[25] Im Lied „Übers deutsche Land“, das im selben Jahr wie die Kassette mit den Aufnahmen der WJ erschien, beschreibt er vermutlich ein Zeltlager der extrem rechten Organisation. Denn im Kehrreim singt er über die „Odalrune auf schwarz-rotem Tuch“[26], die im „Lager“ wehe, in dem sich „deutsche Menschen“ – die „im Wesen noch echt und wahr“ seien – befänden.

Rennicke begeisterte sich auch für die Heimattreue Deutsche Jugend (HDJ), die neben der WJ die bedeutendste Jugendorganisation des völkischen Lagers gewesen ist. Bereits auf seiner ersten Produktion namens „Protestnoten für Deutschland“ vertonte er mit dem Lied „Unsere Stunde, die wird kommen“ das einstige Bundeslied der 2009 verbotenen HDJ: „Liegt auch die Nacht noch über dem Land / und hält die Zukunft verborgen. / Einmal, da wird auch das Dunkel gebannt, / einmal, da blüht uns der Morgen. / Unsere Stunde, die wird kommen, / und Deutschland entsteht wieder neu.“[27] Seine Begeisterung für die extrem rechte Kinder- und Jugendorganisation drückte er nicht bloß in seinen Liedern aus. Am 1. September 2007 stellte er sein damaliges Grundstück im mittelfränkischen Altengreuth, das er Mitte der 2000er-Jahre bezog, für ein Zeltlager der HDJ zur Verfügung (vgl. Bayerischer Landtag, 20.11.2007).

Europäische Aktion und Thügida

Dass er mittlerweile neben seiner Stimme und seiner Gitarre auch seine Wohnung für die Verbreitung extrem rechter Propaganda nutzt, belegen zahlreiche Aktivitäten auf seinem Grundstück, die im Laufe der vergangenen Jahre bekannt geworden sind. Am 6. November 2015 fand ein Vortrag der extrem rechten, mittlerweile verbotenen Europäischen Aktion (EA) in der Immobilie statt, an dem sich etwa 20 Menschen beteiligten (vgl. Bayerischer Landtag, 17.2.2017; Hartl, 23.6.2017). Wenige Tage zuvor, am 24. Oktober 2015, trat Rennicke gemeinsam mit dem Liedermacher Axel Schlimper aus Thüringen, der sich in der EA engagierte, in seinem Zuhause auf (vgl. Deutscher Bundestag, 3.2.2016). Er bot der Organisation eine Plattform, deren zentrale Forderung die „Wiederherstellung der freien Rede" gewesen ist. In erster Linie verstand die selbsternannte „Bewegung für ein freies Europa" unter „Meinungsfreiheit" ihre Hoffnung auf die Legalisierung der Holocaustleugnung. Die EA, die 2010 unter dem Namen Bund Freies Europa vom Schweizer Bernhard Schaub gegründet wurde und auf den verbotenen Verein zur Rehabilitierung der wegen Bestreitens des Holocaust Verfolgten folgte, wurde im Juni 2017 nach mehreren Razzien in Thüringen und Niedersachsen verboten.

Weitaus bedeutsamer war Rennickes Engagement bei Thügida („Thüringen gegen die Islamisierung des Abendlandes"), einer neonazistisch dominierten Variante der *gida-Proteste aus Thüringen. Im November 2016 verkündete er auf seiner Facebook-Seite, er sei „stolzes Vorstandsmitglied" des neu gegründeten Vereins Thügida & Wir lieben Sachsen (vgl. argumente e.V. 2017: 70). Weitere Vorstandsmitglieder sind Alexander Kurth und David Köckert, einschlägig bekannte Neonazi-Aktivisten aus Sachsen und Thüringen, gewesen. Die Immobilie des Liedermachers wurde für die Aktivitäten von Thügida genutzt; darauf wiesen lokale Beobachter*innen hin. Für ein „Vernetzungstreffen" verschiedener *gida-Ableger, das von Thügida veranstaltet wurde, stellte Rennicke am 5. März 2016 sein Grundstück zur Verfügung. Ein weiteres Treffen fand vermutlich am 1. April 2016 statt (vgl. Bayerischer Landtag, 17.2.2017; Hartl, 23.8.2016). Der Chef der Hofer Kriminalpolizei bestätigte, dass sich auf dem Gelände des Musikers „immer wieder Sympathisanten, darunter beispielsweise Anhänger der Thügida" treffen würden, um u.a. „Thügida-Aktivitäten" zu organisieren (Frankenpost, 4.5.2016). Über die rassistischen Proteste in der Bundesrepublik sprach Rennicke bei seinen Auftritten mehrfach. Zum Beispiel behauptete er am 10. Februar 2016 im Rahmen eines Auftritts bei der saarländischen NPD, im Osten Deutschlands habe sich aus Wut längst ein „nationaler" Widerstand entwickelt: „Widerstand, liebe Kameraden, das erleben wir in einigen Gebieten Deutschlands." (Rennicke, 10.2.2016) Über die Thügida-Proteste, die in mehreren Bundesländern zwischenzeitlich bis zu 2.000 Menschen auf die Straßen mobilisierte (vgl. Freires, 28. 8.2017), berichtete er: „Gestern waren wir glücklich, wenn wir irgendwo demonstriert haben mit 100 Leuten. Heute marschieren wir selbst als NPD mit 300 Leuten los und kommen mit 600 Leuten an." (Rennicke, 10.2.2016)

Die Worte des Liedermachers offenbaren, wie selbstbewusst die extreme Rechte im Laufe der vergangenen Jahre geworden ist und in welchem Ausmaß sich das gesellschaftliche Klima nach rechts verschoben hat. Dem Publikum rief er zu, „wir" – die Mitglieder der NPD, einer Partei, die in der Tradition des historischen Nationalsozialismus steht und die parlamentarische Demokratie durch eine völkisch-nationalistische Diktatur ersetzen möchte – könnten die „Revolution" miterleben (Rennicke, 10.2.2016). Auf ihrer Facebook-Seite schrieb Thügida, eine selbsternannte „Volksbewegung", zwischenzeitlich: „Aus wenigen werden viele, aus vielen eine Bewegung, aus einer Bewegung eine Revolution!" In Anbetracht der Sympathien für das NS-Regime, die Rennicke in seinen Liedern verbreitet, wirkt seine Hoffnung auf eine „demokratische Revolution" (Rennicke, 10.2.2016), von der er mit ernster Stimme spricht, zweifelsohne grotesk. Bevor er wieder zur Gitarre griff und das nächste Lied anstimmte, beschwor er die „Kräfte" des „deutschen Volkes", die „nochmal den Schalter umlegen können und das ganze Gesindel, was hier ist, da hinschicken, wo's hingehört" (Rennicke, 10.2.2016). Ob Migrant*innen, politische Gegner*innen oder Menschen jüdischen Glaubens: Mit „Gesindel" meinte er vermutlich alle, die nicht in sein extrem rechtes Weltbild passen.

Vernetzter, in der Szene geschätzter NPD-Kader

Das online gestellte Video seines Auftritts zeigt im Hintergrund eine schwarz-weiß-rote Fahne, auf einer Stellwand stehen in weißen Lettern die Worte „Natürlich Deutsch". In vergangenen Wahlkämpfen waren sie, verknüpft mit dem Bild eines blonden und blauäugigen Mädchens, eine beliebte Parole. Kurze Zeit nach seinen markigen Worten über die Thügida-Proteste referierte Rennicke über den vermeintlichen „Sangesreichtum" der Deutschen (Rennicke, 10.2.2016). Im Verlauf seines Monologs redete er sich förmlich in Ekstase, sein Fanatismus kulminierte in den Worten: „Das Volk, das wahrscheinlich das größte Liedgut hervorgebracht hat, ist das deutsche Volk!" Seine Worte endeten mit einem eindringlichen Appell an sein Publikum, sich auf deutsches Liedgut zu besinnen. Schließlich zeige ein Blick in extrem rechte Kreise, dass selbst in der eigenen Szene kaum deutsche Lieder gesungen werden. Immer und überall, so lautete sein Credo an diesem Nachmittag, sollten deutsche Lieder gesungen werden.

Über ein Jahr später: Am 22. Juli 2017 startete die NPD ihren Wahlkampf zur Bundestagswahl 2017 mit einer Veranstaltung im sächsischen Riesa. Das Motto hieß „Heimat verteidigen!" Ein gleichnamiger Kurzfilm, der zu Beginn der Veranstaltung eingespielt wurde, verknüpfte die „großen Wendepunkte der deutschen Geschichte" mit dem „heute zu führenden Kampf um den Erhalt des deutschen Volkes" (Schreiber 2017). Nach Redebeiträgen einschlägig bekannter NPD-Kader wie Udo Pastörs und Sascha Roßmüller hatte Frank Rennicke, so die NPD-Zeitung *Deutsche Stimme* nach der Veranstaltung, die Reden „musikalisch und kulturell aufgelockert, umrahmt und begleitet" (Schreiber 2017). Nach seinem Auftritt setzte er sich neben Udo Voigt, ehemaliger NPD-Bundesvorsitzender und derzeitiges

Mitglied im EU-Parlament, auf das Podium. Klaus Beier, Bundesgeschäftsführer und Pressesprecher, und Ricarda Riefling, NPD-Vorstandsmitglied und zwischenzeitliche Bundesvorsitzende vom Ring Nationaler Frauen, übernahmen die Moderation. Die langjährige NPD-Aktivistin stellte dem Musiker nach und nach Fragen, woraufhin er über die Bedeutung deutscher Lieder sprach: „Das deutsche Volk ist ein Volk mit vielen Liedern." (Rennicke, 22.7.2017) Er beschwerte sich über deutschsprachige Musik im Radio, die im Laufe der Jahre „Stück für Stück entfernt" worden sei. Diese Haltung spiegelt sich in seinem Repertoire wider, so singt er im Lied „Ich will mein Land zurück": „Deutsche Sprache und deutsche Lieder / vermiss ich hier wohl jeden Tag!"[28] In verschwörungsideologischer Manier äußerte er, das habe einen „tieferen Sinn". Es sei eine Maßnahme finsterer Mächte, die die Deutschen langsam und schleichend vernichten wollten. Schließlich beklagte er sich wenige Minuten zuvor über den angeblichen „Volkstod, dem wir jeden Tag stärker ausgesetzt sind". Für ihn seien deutsche Lieder „identitätsstiftend", betonte der Liedermacher. Denn er bekenne sich zu seinem „Deutschtum".

Dass ausgerechnet Rennicke am 26. Februar 2009 für die extrem rechte Partei im Ausschuss für Wissenschaft, Hochschule, Kultur und Medien über „Jugendmusikförderung" sprach, verwundert nicht. Denn er hat die Bedeutung von Musik für die Neonazi-Szene begriffen. In dieser Zeit besaß die NPD mehrere Mandate im Sächsischen Landtag. Am Ende ist sein Appell stets derselbe: „Ich kann nicht von Heimat sprechen, wenn ich meine Lieder nicht kenne." Deshalb forderte er, dass seine „Kameraden" häufiger deutsche Lieder singen sollten; „in einer Welt, in der uns das bewusst aberzogen wird".

Verschwommene Grenze zwischen Patriotismus und Nationalismus

Im Gespräch mit der NPD-Zeitung *Deutsche Stimme* behauptete Rennicke kühn: „Ohne Vaterland sind wir heimatlos!"

(DS-TV 2016) Die Annahme ist ein Trugschluss, denn natürlich können Menschen eine Heimat haben, ohne sich auf Volk und Vaterland beziehen zu müssen. Im rechten Diskurs befindet man sich stets im Spannungsfeld zwischen Identität, Patriotismus und Nationalismus. Rennickes Liedgut belegt eindrücklich, dass eine Unterscheidung zwischen Patriotismus und Nationalismus kaum möglich ist, der Patriotismus verkommt zur Maske des Nationalismus. Ein Beispiel: Das Lied „An Deutschland", erstmals auf der Kassette „Für Deutschland" (1994) erschienen, widmet sich dem „Land der Liebe, Land des Schönen, / Land des Schaffens und der Kraft" und mündet in die Zeile: „Deutschland, Deutschland über alles, / über alles sei geliebt." Die Zeilen klingen harmlos, in derselben Strophe jedoch wird das „Land in Trümmern und voll Stöhnen, / Land in Ängsten und der Schlacht" besungen, das sich dem „Hohn des Erdballes" und dem „Hass, der dich umgibt", widersetze. Wenige Zeilen später wird „Deutschland" zum Land stilisiert, „das an Vollendung glaubt". Es heißt: „Land, geplündert und geschändet, / doch der Besten nicht beraubt. / Land, der Sehnsucht nie vollendet, / Land, das an Vollendung glaubt." Nun stellt sich die Frage: Wo endet Patriotismus und wo beginnt Nationalismus? Bildet die hierarchische Unterscheidung zwischen „Wir" und „die Anderen" die Grenze? Welche Rolle spielt das verschwörungsideologische Moment, die Welt richte sich gezielt gegen die Deutschen?

Das Lied fußt auf dem 1945 von Wilhelm Pleyer geschriebenen Text. Pleyer, einer der erfolgreichsten Schriftsteller aus dem Sudetenland, war mehrfach NS-Literaturpreisträger, engagierte sich in der NPD und beteiligte sich an der Gründung der extrem rechten Deutschen Volksunion. Für Rennicke ist Deutschland beziehungsweise das, was er unter Deutschland versteht, Heimat. Seine Musik zeigt auf, in welchem Ausmaß die Neonazi-Szene den Begriff vereinnahmt und mit ihrer Blut-und-Boden-Ideologie auflädt. Zwar klingen die Zeilen, die sich explizit mit Heimat befassen, in Teilen harmlos („Heimat, Dich hab ich so gern'."[29]) und manch eine Person wird sich fragen, was an seinen Gesängen über Felder, Küsten und Berge schlimm sei. Allerdings wird rasch deutlich, wie Heimat mit Ahnenkult („Deutschland, mein Sohn, / das ist deine Heimat. / Deutschland – das ist deiner Väter Land.“[30]) und Loyalität („Vaterland, Dir gilt mein Leben, / der Heimat diene ich – / denn ich liebe Dich.“[31]) verbunden wird.

Zusammenspiel aus Verherrlichung und Verachtung

Wer sich im Detail mit den Liedtexten Rennickes befasst, stellt fest: Während einige Lieder Adolf Hitler und das Deutsche Reich, die HJ und die Wehrmacht verherrlichen, verachten andere Lieder die Alliierten und das politische System der Bundesrepublik, die „Fremden“ und politischen Gegner*innen. Das brandgefährliche Zusammenspiel aus Verherrlichung und Verachtung, das auf der Unterscheidung zwischen Freund und Feind, zwischen Gut und Böse basiert, kennzeichnet sein gesamtes Repertoire. Dieses Zusammenspiel vermittelt eine bestimmte Vorstellung deutscher Identität. Im Zentrum steht Heimat. Entweder verherrlicht er Heimat – hier: Großdeutschland in den Grenzen von 1939 einschließlich Österreich, Südtirol und weiten Teilen Polens – oder er verachtet seine Feindbilder, die die Heimat auf verschiedene Weise bedrohen würden. Sein Heimatverständnis und der pro-nationalsozialistische Blick auf deutsche Geschichte, Gegenwart und Zukunft kann stellvertretend für das Heimatverständnis der Neonazi-Szene betrachtet werden.

Was passiert, wenn der Liedermacher die Melange aus Verherrlichung und Verachtung in Textform gießt, zeigt die Ballade „Das Mädel mit der Fahne“. Rennicke erzählt darin den fiktiven Tod eines 15-jährigen Mädchens in Hamburg im Mai 1945. Das Lied ist in der Rechtsrock-Szene sicherlich eines seiner bekanntesten Lieder. Es beginnt mit der Forderung eines alliierten Soldaten an das Mädchen, sie solle ihre schwarz-weiß-rote Fahne, die sie trägt, senken. „‚Von der Fahne zu lassen, / das zwingst du mich nicht, / eher färbt sie mein Blut!‘, / so trotzig sie spricht. / ‚Noch trag ich ein Messer, / und das Leben ist gleich, / wenn ich sterbe, / so fall ich für die Fahne vom Reich!‘“[32] Das Mädchen ist eine inszenierte Märtyrerin, die ihr Leben für das Deutsche Reich und die Ideale des Nationalsozialismus opfert und entschlossen bis zu ihrem Tod kämpft. Sie verweigert die Kapitulation, obwohl das Ende des NS-Regimes und des Zweiten Weltkrieges bereits gewiss ist. Später erfährt der Soldat, dass das Mädchen noch an demselben Abend erschossen wurde, weil es ihre schwarz-weiß-rote Fahne nicht vor den alliierten Soldaten senken wollte. Das Lied endet mit einem Appell an das Publikum des Liedermachers, in dem er sich auf die Seite des verstorbenen Mädchens stellt und fordert, in den Idealen und dem entsprechenden Verhalten des Mädchens ein Vorbild zu sehen: „Das Opfer des Mädchens, / vergesst ihr es nie! / Verliert nie den Stolz / und kämpfet wie sie! / Bis es endlich soweit, / dass auch hier irgendwann / die Zeichen des Reiches man zeigen kann!“

Die Ziele des Mädchens und des Liedermachers sind identisch, sie wollen beide die „Zeichen des Reiches“ zeigen (dürfen). Allerdings sind bestimmte Symbole des Deutschen Reiches wie die schwarz-weiß-rote Reichsfahne in der Bundesrepublik nicht verboten, weshalb er sie nicht gemeint haben kann (vgl. Dornbusch/Raabe 2008: 163). Illegal sind hingegen eindeutige Insignien des NS-Regimes, zu denen beispielsweise die Hakenkreuzfahne gehört. Das schwarze Symbol im weißen Kreis auf rotem Grund ist nach § 86 des Strafgesetzbuches verboten. Bei seinem Auftritt in Saarbrücken ergänzt er am Ende des Liedes: „Wenn ich das alles sagen würde, was ich persönlich denke, […] dann kann ich wahrscheinlich die Zelle bewohnen, die vor Kurzem Horst Mahler geräumt hat.“ Horst Mahler, der Anfang der 1970er-Jahre an der RAF-Gründung beteiligt war und fast 30 Jahre später in die Neonazi-Szene überlief, wurde mehrfach nach § 130 des Strafgesetzbuches („Volksverhetzung“) verurteilt. Mahler leugnete den Holocaust aus tiefster Überzeugung und gründete 2003 den fünf Jahre später verbotenen Verein zur Rehabilitierung der wegen Bestreitens des Holocaust Verfolgten.

Die Anspielung Rennickes lässt wohl keine Zweifel übrig, was er gerne sagen würde. Auf seiner Website spricht er zumindest einen Teil seiner Gedanken ohne Scheu aus. In einem selbst erstellten Fragebogen über sich und seine politischen Überzeugungen antwortet er auf die Frage, wer oder was er hätte sein mögen: „Ein Zeitgenosse meines Großvaters." (vgl. Rennicke 2018) Auf die Frage, welche „militärischen Leistungen" er am meisten bewundere, nennt er unverhohlen die „einmaligen Leistungen deutscher Soldaten und europäischer Freiwilliger im 2. Weltkrieg". Mit den europäischen Freiwilligen meint er vermutlich die ausländischen Freiwilligen der Waffen-SS, die in den ersten Kriegsjahren auf Basis der NS-Rassenideologie aus Niederländern und Dänen bestanden und „germanische" Einheiten bildeten. In den letzten Jahren und Monaten des Krieges wurden die Freiwilligenverbände sogar aus der in der Rassenhierarchie unten stehenden muslimischen Bevölkerung Bosniens gebildet. Sie einte, dass sie entweder aus neutralen, verbündeten oder besetzten Staaten des Deutschen Reiches stammten und sich an den Verbrechen des NS-Regimes beteiligten. Jedoch sieht der Liedermacher in den Taten der Waffen-SS und der Wehrmacht keinerlei Verbrechen. Im Gegenteil: In seiner Vorstellungsrede auf dem NPD-Bundesparteitag zur Nominierung für das Amt des Bundespräsidenten im Jahr 2010 verkehrte er Opfer und Täter. Er beklagte sich über den angeblichen „Schuldkult", der „unser Volk zum Verbrechervolk degradiert". Eine „Schande" sei die Tatsache, dass der 8. Mai – der Tag, an dem die Wehrmacht bedingungslos kapitulierte – als „Tag der Befreiung" bezeichnet werde. Stattdessen solle man „stolz auf die heroischen und heldenhaften Leistungen unserer Soldaten" sein. Über die Soldaten der Wehrmacht singt er entsprechend: „Er fiel für Deutschlands Freiheit, / er stritt mit blutendem Herzen. / Er trug ein deutsches Soldatenkleid, / er kämpfte und starb im Schmerz."[33]

Gut und Böse, Freund und Feind

In der Ballade wollte das Mädchen ihre schwarz-weiß-rote Fahne nicht senken und opferte für ihre Loyalität zum Deutschen Reich ihr Leben. Die Soldaten der Wehrmacht und die Freiwilligen der Waffen-SS, die Rennicke in seinen Liedern verherrlicht, opferten aus Sicht der Neonazis ebenso ihr Leben für das Deutsche Reich und für den Erhalt der Grenzen Großdeutschlands. Rennicke beklagt sich in unzähligen Liedern, die er im Laufe der vergangenen Jahrzehnte veröffentlicht hat, über die Alliierten, die „unser deutsches Land gestohlen"[34] und „besetzt" hätten. Sie hätten das Deutsche Reich „furchtbar verstümmelt und gefesselt"[35]. So trauert er über 50 Jahre nach der Kapitulation der Wehrmacht in seinem 2000 veröffentlichten Lied „Wenn unser Land ist wieder frei" mit den Worten: „Das Reich geteilt und geschändet, / ein Ungeist treibt uns entzwei."[36] Im Lied „Restdeutschland" singt er: „Zerstückelt und in Feindeshand, / besetzt von fremden Horden!"[37] Die ehemaligen Ostgebiete des Deutschen Reiches sind fester Bestandteil von Rennickes Heimatverständnis.

Der Liedermacher wünscht sich Großdeutschland einschließlich Österreich, Südtirol und weiten Teilen Polens zurück. Das zeigt die Analyse einschlägig bekannter Lieder seiner Tonträger. Tiefe Einblicke bieten vor allem drei Lieder: Im Lied „Über Länder, Grenzen, Zonen", erstmals auf der Kassette „Für Deutschland" (1990) erschienen, nennt Rennicke die Ostgebiete des Deutschen Reiches beim Namen. So bezieht er sich zum Beispiel auf die Gebiete Schlesiens und behauptet, sie seien von Gottes Hand einzig für das „deutsche Volk" bestimmt: „Schlesien uns von Gott gegeben, / deutsch-germanisch Heimatland. / [...] / Der Geschichtslauf wird sie richten, / die das Schlesierland geraubt. / Unser Volk wird nie verzichten, / weil's an heil'ge Rechte glaubt."[38] Die Ostgebiete des Deutschen Reiches wie Schlesien, Ostpreußen und das Memelland, über die er in den ersten drei Strophen des Liedes singt, seien in die „Hand des Feindes" geraten und befänden sich seit Jahrzehnten „unter fremdem Joch". Tagtäglich würden sie „entrechtet" und „geknechtet". In der vierten Strophe zählt er ein Dutzend Städte auf, die angeblich fester Bestandteil Deutschlands sind. In dem Sammelsurium vermeintlich deutscher Städte befinden sich zahlreiche polnische Städte wie Wrocław, Gdańsk und Szczecin. Darüber hinaus nennt er Bolzano, eine Stadt in der norditalienischen Provinz Südtirol, die österreichische Hauptstadt Wien sowie Kaliningrad, die Hauptstadt einer russischen Enklave, die im Süden an Polen und im Norden und Osten an Litauen grenzt. Über die genannten Städte singt er: „Alles sind sie deutsche Städte / und liegen in deutschem Land." Das offenbart seine Vorstellung vom geeinten Großdeutschland. Deshalb verwundert es nicht, dass er in seinem Online-Shop eine Karte verkauft, die das Deutsche Reich in den Grenzen vom 1. September 1939 zeigt. Die Karte, so seine Beschreibung, sei ein „Muß für jeden nationalen Haushalt" (vgl. Rennicke 2018). Am Ende des Liedes deutet er schließlich seinen Glauben an die Wiederherstellung des Deutschen Reiches an: „Deutschland, Deutschland über alles / und das Reich wird neu erstehen."

Im Lied „Die Grenze", veröffentlicht auf der Kassette „Sehnsucht nach Deutschland" (1990), widmet sich Rennicke der „Oder-Neiße-Grenze", die er eine „Oder-Neiße-Schandgrenze"[39] nennt. Im Potsdamer Abkommen vom 2. August 1945, initiiert und unterzeichnet von den Alliierten, legten sie die Grenze zwischen der sowjetischen Besatzungszone und Polen fest. Von 1949 bis 1990 befand sich die DDR westlich der Oder-Neiße-Grenze, nach dem Einigungsprozess 1989/90 bildet sie heute die deutsch-polnische Staatsgrenze. Der Liedermacher jedoch sieht das anders: „Sie ward gezeichnet von Menschenhand, / doch die Hand, die sie zog, hat gelogen. / […] / Die Wahrheit heißt so, dass drüben wie dort, / Deutschland, die Heimat, liegt." Rennicke wähnt sich und seine extrem rechte Sicht auf die geschichtlichen Entwicklungen auf Seiten der Wahrheit, wonach die künstlich gezogene Linie eine einzige Lüge der Siegermächte des Zweiten Weltkriegs sei. Die „Hand" der Alliierten habe die Oder-Neiße-Grenze aus „Willkür und Rachgier" errichtet. An einer späteren Stelle singt er, sie sei aus „Bosheit und Unverstand" geboren. Darüber hinaus sieht er in der vereinbarten Grenze die Ursache für Krieg und Vertreibung: „Sie hat den Frieden von Erden verbannt / und das Glück von Millionen vernichtet. / Sie scheidet, was ewig zusammengehört, / sie hat uns der Heimat beraubt."

In der Ballade „Das Heimatvertriebenen-Lied", die im Verlauf der letzten Jahrzehnte hin und wieder Gegenstand gerichtlicher Verfahren gewesen ist, knüpft er daran an. Zunächst besingt er das fiktive Schicksal einer deutschen Familie: Während die Frau ihr kleines Kind, das auf der Flucht aus dem Sudetenland verhungert war, begrub, kehrte ihr Mann hinkend aus dem Krieg zurück. Die Frage, wer für den Ausbruch des Zweiten Weltkrieges und für Millionen Tote insbesondere in der Sowjetunion verantwortlich gewesen ist, beantwortet er nicht. Die Hintergründe von Flucht und Vertreibung blendet er aus (vgl. Raabe, 11.6.2010). Stattdessen betrachtet er einseitig das Leid der Deutschen, über das sich die „Besatzungsmacht" lustig mache: „Ein Wagen der Besatzungsmacht, / vorüber rollt, ein Soldat, der lacht. / Macht es ihm Freude, diese Not? / Wirft in den Staub herab ein Brot. / Die Flüchtlinge sind gar so schwach, / doch die Frau denkt an diese Schmach. / Aufheben will es schnell der Mann. / ‚Das Gnadenbrot, nimm es nicht an!'"[40] Die Stelle der Ballade verdeutlicht das Zusammenspiel aus Verherrlichung und Verachtung. Rennicke erzählt die Mär der armen, schwachen und unschuldigen Deutschen und spielt sie gegen die bösen, unmenschlichen Alliierten aus. Es liegt auf der Hand, wer aus seiner Sicht gut und böse, wer Freund und Feind ist.

Verherrlichung führender NS-Funktionäre

Die Verherrlichung der vermeintlich unschuldigen Deutschen reicht teilweise bis zur Verherrlichung führender NS-Funktionäre. Allerdings ist diese in der Bundesrepublik aus nachvollziehbaren Gründen strafbar. Das gilt beispielsweise für die „Zeichen des Reiches", die Rennicke wie das „Mädel mit der Fahne" gerne zeigen würde. Daher greift er gelegentlich auf die angedeutete, geschickt verpackte Verherrlichung des „Führers" zurück. Im Lied „Restdeutschland" wird die Frage, wer für den Ausbruch des Zweiten Weltkrieges verantwortlich gewesen ist, aufgeworfen: „Und schob die Schuld auf jenen Mann, / der nur den Frieden wollte, / und dem sein Volk, verblendet dann, / nur schnöden Undank zollte! / [...] / Doch was er einst an Werten schuf, / wird niemals ganz vergehen [...]."[41] Die Interpretation, Rennicke preise Hitler in diesen Zeilen an, liegt nahe. Man könnte durchaus interpretieren, dass er darunter „jenen Mann" meint. Jedoch benennt er ihn nicht beim Namen.

Eine weitere Interpretation wäre beispielsweise, dass er mit diesen Zeilen seinen Stellvertreter Rudolf Heß meint. Heß flog 1941 nach Großbritannien, um die britische Regierung zu einem Friedensschluss zu bewegen. Er geriet in Kriegsgefangenschaft und wurde 1946 im Rahmen der Nürnberger Prozesse schuldig gesprochen und zu lebenslanger Haft verurteilt. 1987 nahm sich Heß im Spandauer Kriegsverbrechergefängnis das Leben. Weil er sich bis zu seinem Lebensende zum Nationalsozialismus bekannte, wird er in der Neonazi-Szene bis heute als „Märtyrer" verehrt. Der sogenannte „Friedensflieger" wird in zahlreichen Rechtsrock-Liedern verherrlicht, weshalb eine entsprechende Interpretation in Rennickes Lied möglich ist. Schließlich besingt er den „Mann, der nur den Frieden wollte". Aber selbst, wenn er den Hitler-Stellvertreter in diesen Zeilen meint, zeigt das, wie nahe er dem „Führer" in seinen Liedern steht.

Die angedeutete Verehrung Hitlers gipfelt in der vielzitierten, erstmals 1996 auf dem Album „Trotz alledem" erschienenen „Parodie auf ein Tabu-Datum". Natürlich weiß das Publikum des Neonazi-Liedermachers, wessen Geburtstag besungen wird, wenn Rennicke anlässlich des 20. April singt: „Ich fei're heut Adis Ehrentag, / weil ich den Adolf gerne mag. / Den find ich stark, der ist okay – / von wegen, das ist alter Schnee."[42] Die

Worte, mit denen er die Taten des Mannes beschreibt, wirken in Anbetracht der Millionen Tote durch die Gräuel der Shoah und der Verbrechen der Wehrmacht im Zweiten Weltkrieg unbeschreiblich zynisch: „Adolf" sei ein „Patriot mit feinem Nerv" gewesen, der in den „goldenen Jahren" seines Wirkens eine „glückliche Hand" bewiesen habe. Zudem verwendet er einen antisemitischen Code: „Er hat auf sein Volk geachtet / und die Spitzbubis verachtet." Spitzbubis? Das Wort spielt auf Ignatz Bubis, den ehemaligen Präsidenten des Zentralrats der Juden in Deutschland, an (vgl. Kuban 2012: 111; Büchner 2018: 70–71). Im Rechtsrock wurde Bubis im Laufe der Jahrzehnte mehrfach zur Zielscheibe, denn dieser brachte sich in seiner Amtszeit in tagespolitische Debatten ein und äußerte sich mit deutlichen Worten zur Neonazi-Szene und deren Antisemitismus. Die ironische Anmerkung „Das war ein Mann, der Dr. Adolf Schärf!" ist für die Botschaft des Liedes lediglich aus juristischen Gründen von Bedeutung. Wie Adolf Hitler hatte der österreichische Sozialdemokrat Dr. Adolf Schärf seinen Geburtstag am 20. April. Am Ende fragt er scheinheilig: „Wen soll man denn sonst an diesem Tage feiern?"

Verherrlichung des DDR-Systems

Dass der Neonazi-Liedermacher Rennicke das Deutsche Reich verherrlicht, liegt auf der Hand. Neben seiner Treue zum NS-Regime hegt er allerdings auffallend viele Sympathien für ein weiteres System. Im ersten Moment mag seine Liebe zur DDR überraschen, im zweiten Moment erscheint sie plausibel. Das belegt ein Auftritt im Osten Deutschlands: Vom 25. bis 27. August 2017 veranstaltete die extrem rechte Gesellschaft für freie Publizistik (GfP) unter dem Motto „Deutsche Identität – 500 Jahre nach Luther" ihren jährlich stattfindenden Kongress in der „Erlebnisscheune" in der thüringischen Gemeinde Kirchheim. Die GfP, die 1960 von ehemaligen SS-Offizieren und NSDAP-Funktionären gegründet wurde, ist mit rund 500 Publizist*innen, Redakteur*innen, Buchhändler*innen und Verleger*innen eine der wichtigsten Kulturvereinigungen der extremen Rechten. Eine zentrale Forderung der GfP ist die Beseitigung des § 130 des Strafgesetzbuches („Volksverhetzung"). Der Paragraf diene der Bewahrung des „herrschenden Geschichtsbildes". Die „Ulrich-von-Hutten-Medaille" wird seit 1962 regelmäßig an Geschichtsrevisionist*innen und Holocaustleugner*innen verliehen, die sich nach Ansicht der GfP „besonders stark für die Freiheit der Meinungsäußerung und die historische Wahrheit in der Zeitgeschichte eingesetzt" haben.

Der Kanadier James Bacque erhielt sie 2017 „für sein publizistisches Lebenswerk zur Aufarbeitung alliierter Kriegsverbrechen" (Schimmer 2017). In seinen Arbeiten vertrat Bacque die Haltung, die Alliierten hätten im Zweiten Weltkrieg die systematische Vernichtung der Deutschen beabsichtigt. Zwar kritisierten zahlreiche Historiker*innen bereits Anfang der 1990er-Jahre seine Darstellungen der Geschichte und warfen ihm eine Vielzahl schwerwiegender Fehler in seinen Arbeiten vor, aber in der extremen Rechten genießen seine Positionen bis heute enormen Zuspruch. Das zeigt nicht zuletzt die Preisverleihung. Im Bericht des GfP-Kongresses, der auf der Website der Vereinigung veröffentlicht wurde, schrieb die GfP, der Preisträger konnte aus gesundheitlichen Gründen nicht anwesend sein. In einem ausführlichen Brief, der im Rahmen der Preisverleihung verlesen wurde, schrieb Bacque über die aktuelle Zeitgeschichtsschreibung: „Das, was bekannt ist, ist weitgehend unwahr, das, was wahr ist, ist weitgehend unbekannt." Diese Worte klingen programmatisch für das Selbstverständnis der GfP, die ihre Aufgabe in der „Aufklärung" über den Zweiten Weltkrieg und die Shoah sieht. Entsprechend wurde der geschichtsrevisionistische, von James Blacque veröffentlichte Film „Other Losses" über die sogenannten „Rheinwiesenlager" gezeigt.

Der Abend endete „mit dem gemeinsamen Singen von Liedern und der Rezitierung von volkstümlicher Dichtkunst" (Schimmer 2017). Mit dabei: der Neonazi-Liedermacher Frank Rennicke. Die GfP schrieb später auf ihrer Facebook-Seite, der

„patriotische Liedermacher“ habe die Teilnehmer*innen der Veranstaltung „mit volkstümlichem Liedgut und deutschen Balladen“ begeistert (GfP, 1.9.2017). Rennicke sang, begleitet von einer Ziehharmonika, militärische und patriotische Lieder aus der früheren DDR. Das hatte wohl mehrere Gründe: Die GfP-Veranstaltung fand in Kirchheim, einer kleinen Gemeinde nordöstlich von Arnstadt im Herzen Thüringens, statt. Das Publikum bestand zumeist aus älteren Herren mit ostdeutscher Biografie, die in der früheren DDR sozialisiert wurden und vonseiten des Staates eine autoritär-patriotische Erziehung erfuhren. Natürlich versuchte Rennicke, mit seinen Liedern an die Erfahrungen seines Publikums anzuknüpfen und Erinnerungen an den damaligen Obrigkeitsstaat zu wecken, der für viele eine durch Loyalität und Patriotismus geprägte Heimat bot.

Ein Blick in seinen „Weltnetzladen“ zeigt: Rennicke bietet neben seinen CDs, MCs und DVDs in einer eigens eingerichteten Kategorie „DDR-Musik“ mehrere CDs mit Liedern, die in der ehemaligen DDR gesungen wurden. Sie heißen: „Wir schützen unsere Heimat“ – Lieder der Kampftruppen der Arbeiterklasse, „Sing mit, Pionier“ – Lieder der Jungpioniere, „Unser Zeichen ist die Sonne“ – Lieder der FDJ, und „Brüder zur Sonne, zur Freiheit“ – Bekannte Arbeiter- und Jugendlieder der DDR (Rennicke 2018). Es liegt nahe, dass er mit der CD-Auswahl auf die Suche nach nationaler Identität, Patriotismus und Heimat abzielen möchte. Rennicke, der im Verlauf seiner Konzerte erstaunlich viel Persönliches und Biografisches erzählte, erklärte am 10. Februar 2016 im Rahmen seines Auftritts bei der saarländischen NPD in Saarbrücken: „Ich fühle mich schon lange nicht mehr in Deutschland zu Hause – und im Merkel-Deutschland noch viel weniger als im Honecker-Deutschland.“ Später wiederholte er, das „Honecker-Deutschland“ sei „fast erträglich“ gewesen, denn in der früheren DDR seien Patriotismus und das Streben nach einem ethnisch homogenen „Volk“ selbstverständlich und alltäglich gewesen. In der heutigen Bundesrepublik hingegen würden „wir“ allmählich „zur Minderheit im eigenen Land". Rennickes Vater floh Ende der 1950er-Jahre aus der DDR (vgl. Fahr 1995: 2) und zog in die rund 20 Kilometer von der deutsch-deutschen Grenze entfernte Stadt Braunschweig (Niedersachsen). Entsprechend erzählte der 1964 in Braunschweig geborene Rennicke bei seinem Auftritt, er sei in Westdeutschland aufgewachsen, aber habe „einen Teil meiner Wurzeln in Mitteldeutschland" (Rennicke, 10.2.2016). Das bedeutet, Rennicke kannte das alltägliche Leben in der DDR nicht aus eigener Erfahrung.

Verachtung der „Fremdvölker"

Nachdem sich die Alliierten in der „Heimatvertriebenen"-Ballade angeblich über die armen Deutschen lustig machten und das Brot in den Staub der Straße warfen, setzt zwischen der zweiten und dritten Strophe ein mehrere Sätze umfassender Sprechteil ein. Darin behauptet der Liedermacher, bis heute finde eine bewusste, geplante Vertreibung der Deutschen statt. Er sieht eine Kontinuität in den geschichtlichen Entwicklungen: „Heute raubt man nicht mit Gewalt, heute schickt man Millionen von Fremdvölkern in unser Land." In der dritten Strophe sagt er zudem, der „Fremde" sei der „Herrscher" in der Bundesrepublik. Mühelos lässt sich der Plan, den er hinter diesen angeblichen Vorgängen vermutet, auf die Legende des Großen Austausches aus dem Umfeld der Identitären übertragen. Demnach sei die angebliche „Überfremdung" und „Umvolkung" in einer multikulturellen Gesellschaft eine moderne Form der Heimatvertreibung. Rennicke befürchtet, die „Fremden" würden die deutsche Sprache verdrängen und der heimischen Bevölkerung allmählich Hof und Feld nehmen. Diese Zeilen münden in den harmlos klingenden Wunsch: „Wie ist die Welt doch so weit und so groß, / lasset uns doch dies bisschen Heimat noch bloß." Jedoch schließt sich am Ende der Ballade die Forderung an: „Lasst uns wieder Deutsche in Deutschland sein! / Amis, Russen, Fremdvölker raus – / endlich wieder Herr im eigenen Haus!" Seine Überzeugung, Deutschland sei bis heute nicht souverän, weil die Alliierten das Land rechtswidrig besetzten, knüpft aus heutiger Perspektive an Überzeugungen der sogenannten „Reichsbürger" an. Der Sprechteil sowie die daran anschließende dritte Strophe wendet sich über die Verachtung der Alliierten hinaus gegen eine multikulturelle Gesellschaft („Fremdvölker"). Doch das sind bei Weitem nicht die einzigen Feindbilder, die der Liedermacher in seinen Songs verachtet.

Verachtung der „Quasselbude"

Im Allgemeinen zeichnet sich Rechtsrock durch ein stark polarisierendes Freund-Feind-Denken aus. Die Bands „zeichnen ein extrem negatives Bild des Anderen" (Mathias 2015: 39) und sehen in ihren Feindbildern eine massive Bedrohung des Eigenen. Sie eint die Überzeugung, „wir" würden durch „die Anderen" bedroht. Die Feindbilder werden in möglichst düsteren Farben gemalt (vgl. Büchner 2018: 44). Feinde sind demnach alle, welche die Heimat bzw. das, was Neonazis unter Heimat verstehen, bedrohen.

Die Sprachwissenschaftlerin Alexa Mathias hat sich im Detail mit der Rolle von Metaphern im Rechtsrock beschäftigt, denn sie werden genutzt, um die Feindbilder abzuwerten. Metaphern entmenschlichen ihre Opfer. Am Ende ihrer Untersuchungen stellte sie fest, dass sich über die Hälfte der extrem rechten Liedtexte mit den Feindbildern der Neonazis befassen (vgl. Mathias 2015: 157). Die Feinde sind die Zielscheibe des Hasses eingefleischter Neonazis, sie prägen und durchziehen die Inhalte und Botschaften der Musik. Die wichtigsten Feindbilder sind laut Mathias: die bürgerliche Gesellschaft und der Staat, Wirtschaft und Finanzen, Medien und Presse, politische Gegner*innen aus bürgerlichen und linken Parteien, Migrant*innen, Gläubige des Judentums, Islam und Christentums, Romnija und Roma, Homosexuelle sowie Menschen mit Behinderungen (vgl. Mathias 2015: 170–171). Die Liste der Feindbilder ergibt ein erschreckendes Bild: Wer anders denkt, anders fühlt, anders glaubt, kann potenziell zur Zielscheibe der Neonazis werden. Jedoch ist der Befund in Anbetracht der unfassbaren Gräuel des Nationalsozialismus keineswegs überraschend. Die Feindbilder des Neonazi-Liedermachers, deren Bandbreite von den Alliierten über das politische System bis zur vermeintlich linken Presse reicht, haben seiner Ansicht nach bloß ein einziges Ziel: Sie bedrohen die Heimat und wollen sein geliebtes Deutschland vernichten. So behauptet er im Lied „Ich will mein Land zurück", sein „Vaterland" werde fremdregiert: „Ich will mein Land zurück, / das lass ich mir nicht nehmen! / Ich will mein Land zurück, / kommt, rückt die Heimat raus! / Ich will mein Land zurück, / das müsst ihr doch verstehen, / denn dieses ist mein Vaterland, / hier bin ich zu Haus."[43] Es stellt sich die Frage: Wer regiert denn „sein" Land? In den folgenden Strophen liefert er Antworten: Die parlamentarische Demokratie sei eine „Diktatur der Scheindemokraten", in der „fremdbestimmte Politiker" von den USA gelenkt würden („mancher reiste über'n großen Teich") und die „Endlösung des deutschen Volkes" anstrebten. Die deutsche Politik sei ein bloßes Instrument des US-amerikanischen Feindes.

Im Lied „Deutschland Dir", das erstmals auf dem Album „Nur die Gedanken sind frei" (2000) erschienen ist, kommt seine Haltung gegenüber dem politischen System noch wesentlich deutlicher zum Vorschein. Rennicke verachtet das politische System der Bundesrepublik. Im Bundestag sieht er eine „Quasselbude", den Politiker*innen wirft er Lüge und Betrug vor: „Wenn die Bonner [nach dem Bonn/Berlin-Beschluss war Bonn bis 1999/2000 der bundesdeutsche Parlaments- und Regierungssitz, T. B.] Herrn uns wieder mal belügen, / und Minister uns sogar eiskalt betrügen, / wenn ein jeder Mensch bald schon käuflich ist, / Politik nur noch bedeutet Lug und List. / Wenn ein Parlament nur Quasselbude ist / und man redet dort wohl über jeden Mist, / während unsere Heimat verkommt und stirbt, / den letzten Deutschen langsam man erwürgt."[44] Ein paar Zeilen später singt er, der „Feind" stoße „tödlich" in das Herz der Deutschen. Die angeblich US-amerikanisch gelenkte Demokratie öffne den „Fremden" wie „Türken" und „Polen", die vorrangig „Kriminelle" und „Abschaum" seien, Tür und Tor und befördere den „Volkstod". Entsprechend schürt er in seinen Liedern gelegentlich unverhüllt Ressentiments gegen einzelne Minderheiten. Menschen aus Polen unterstellt er zum Beispiel: „Saufen, streiken, nix arbeiten, / das ist auch ein Lebensstil."[45] Er behauptet, sie kämen nach Deutschland, denn „dort gibt's auch für Nichtstun Geld". Die multikulturelle Gesellschaft münde in die Zerstörung der einheimischen Bevölkerung.

In „Die neue Internationale" behauptete er bereits 1990, „wir Deutschen" seien „in Jahren nur noch Gast in unserm Land"[46]. Damit vertritt er eine Haltung, die er aus heutiger Sicht mit der AfD, der Neuen Rechten und den Identitären teilt, obwohl die genannten Lieder teilweise knapp 30 Jahre alt sind. Rennickes Haltung, vergleichbar mit der identitären Legende des Großen Austausches, beinhaltet eine antisemitische, verschwörungsideologische Komponente: Der Liedermacher bezeichnet seine politischen Gegner*innen in Anlehnung an die Erzählung der „jüdischen Weltverschwörung" als „Marionetten in der Hand der dunklen Mächte"[47], deren Ziel die Vermischung der „Rassen" seien. In extrem rechten Kreisen knüpfen solche Annahmen an antisemitische Erklärungsmuster an (vgl. Büchner 2018).

Ähnlich verpackt er seine Lieder bei seinen Auftritten: In Saarbrücken rechnete er am 10. Februar 2016 seinen „Kameraden" den angeblich drohenden „Volkstod" vor, indem er behauptete, in exakt 17 Jahren werde das „deutsche Volk" zur „Minderheit im eigenen Land" (Rennicke, 10.2.2016). Nehme die vermeintliche „Überfremdung" zu, werde der Fall bereits in zehn Jahren eintreten. In der europaweiten Debatte um Flucht und Asyl sieht er eine von dunklen Mächten geplante, gesteuerte „Invasion" durch Migrant*innen. Die Geflüchteten seien „Invasoren" und keine Menschen, die vor Krieg, Verfolgung und Armut fliehen. Erneut bedient er verschwörungsideologisches Denken, das sich im Laufe der vergangenen Jahre über die extreme Rechte hinaus in weiten Teilen der europäischen Bevölkerung verankert und etabliert hat. Eine unterstützende Rolle spiele die vermeintliche „Lügenpresse". Ein wenig nach seinen Rechnungen zum „Volkstod" schimpfte er über die Medien, hält stolz sein weißes Transparent mit den Worten „PRESSE UND TV LÜGEN!" in die Höhe und betont, dass er bereits seit drei Jahrzehnten mit dem Banner auf Neonazi-Demonstrationen laufe. Mit ernster Miene ergänzte er: „Wenn ihr verstanden habt, dass das nicht eine Parole, sondern die Realität ist, [...] dann glaubt ihr den Verbrechern nicht mehr ein Wort." Denn er ist davon überzeugt, dass die „Lügenpresse" die „Invasion" fördere und nichts gegen die angebliche „Überfremdung", sondern bloß über die „Willkommenskultur" der deutschen Bevölkerung schreibe. Verschlüsselt singt er im Lied „Rote Ratten", die linke „Rattenpresse" sei der Anwalt seiner politischen Gegner*innen. Den „roten Ratten" unterstellt er, sie „graben an den Wurzeln"[48] und schürten „Zwietracht" und „Hass". Im Refrain fordert er: „Zerschlagt die rote Rattenbrut, / so schlagt sie doch entzwei. / Grabt sie in den Löchern ein, / das Land sei rattenfrei!" Die Botschaften sind einfach verpackt und radikal zugleich. Die Wege zwischen „rattenfrei" und „judenfrei", „Rattenpresse" und „Judenpresse" sind kurz. Die Assoziationen zur Shoah, die Rennicke an dieser Stelle weckt, verdeutlichen, welch Geistes Kind der Liedermacher ist.

5. „Heimat heißt Volk, Tradition und Sprache"

Die Deutschrock-Band Frei.Wild und die Politik des Unpolitischen

Die *gida-Proteste haben das gesellschaftliche Klima der Bundesrepublik tief greifend verändert. Das gilt insbesondere für die Pegida-Proteste in der sächsischen Landeshauptstadt Dresden, an denen sich zwischenzeitlich mehrere 10.000 Menschen beteiligten. Die Parole „Wir sind das Volk!", die erstmals im Zuge der Montagsdemonstrationen 1989/90 in der DDR gerufen wurde, erlebte mit Pegida & Co. eine Renaissance. Die politische Rechte sah ihre Zeit in den Protesten „gegen die Islamisierung des Abendlandes" gekommen. Deshalb brachten sich neurechte Akteur*innen wie Götz Kubitschek und Martin Sellner in die Proteste ein. Die Rapper Komplott und Chris Ares lieferten den Soundtrack der Bewegung. Nicht nur die Neue Rechte, auch die Neonazi-Szene versuchte, von den *gida-Protesten zu profitieren. Neonazis wie Frank Rennicke engagierten sich in neonazistisch dominierten *gida-Ablegern wie Thügida. Einschlägig bekannte Rechtsrock-Bands wie Blutbanner würdigten die Demonstrationen in ihren Liedern: „Es gibt viele Probleme, / hier in unserem Land. / Von der Politik vergessen, / nimmt es der Bürger selbst in die Hand. / Tausende am Demonstrieren – / jeden Montag wieder! / Von den Medien verrissen – / der neue Staatsfeind heißt PEGIDA!"[49]

„Wir sind Volkes Stimme, stolze Freiheitskämpfer!"

In den Monaten, in denen die Pegida-Proteste in Dresden erhebliche Erfolge verzeichneten und in der medialen Berichterstattung das beherrschende Thema gewesen sind, meldete sich auch die erfolgreiche Deutschrock-Band Frei.Wild aus Südtirol zu Wort. In den sozialen Netzwerken lobten die Musiker alle, „die unsere Gedanken teilen und sich Tag für Tag für Nächstenliebe und Mitgefühl einsetzen und sich [...] gegen die Brandstifter und

Fremdenhasser stellen“ (vgl. Cramer, 19.8.2015). Sie wandten sich gegen AfD, Pegida und alle, die sich gegen die Unterbringung von Geflüchteten einsetzen: „Ihr seid scheiße und diese Scheiße werden wir nicht zulassen! Nicht bei uns und nicht mit dieser Band!“ Sie stellten ihre Fans vor die Wahl: entweder Frei.Wild oder Pegida. Daraufhin entzündeten erboste Frei.Wild-Fans einen wütenden Shitstorm, der sich gegen die Äußerungen der Musiker richtete. Das rechte Portal Politically Incorrect, das die Band bisher verteidigt hatte, schrieb, die Musiker hätten sich in das „Land der Vollidioten“ integriert, welches sie in ihren Liedern selbst anprangerten. Der Chefredakteur des rechten Magazins *Compact* Jürgen Elsässer forderte die Frei.Wild-Fans auf, sie sollten das nächste Konzert mit Pegida- und Deutschland-Flaggen besuchen. Die Empörung aus rechten Kreisen verwundert nicht, schließlich zeichneten sich die Liedtexte der Band bisher nicht für eine glaubwürdige Haltung gegen rechts aus.

Anfang Januar 2016, nur wenige Monate nach dem Shitstorm, veröffentlichte Frei.Wild bezüglich der sexuellen Übergriffe in der Silvesternacht von Köln ein Lied mit dem Titel „Unrecht bleibt Unrecht“: „Hüllt euch nur weiter in euer Schweigen, / kocht sie noch höher, diese Angst. / Gießt weiter Wasser auf die Mühlen / und peitscht sie hoch, die Wut im Land. / Verurteilt weiter Polizisten, / schiebt jeden Besorgten ins rechte Licht.“[50] In bester „Wir sind das Volk!“-Manier behauptet die Band, „das Volk hat Angst und es wird laut“. Zudem befürchten sie: „Wollt ihr den Frieden und die Freiheit / durch falsche Toleranz riskieren? / […] / Nennt endlich Täter, wahre Opfer, / nehmt euch den Ängsten endlich an!“ Die Musiker, deren Erfolg bereits mehrere Jahre vor dem Aufkommen der Pegida-Proteste einsetzte, betonten in ihrer Ankündigung des Songs, diese Zeilen sollten nicht anstacheln, bloß Rückhalt geben (vgl. Frei.Wild, 9.1.2016). Rückhalt? Für wen? Für die einheimische Bevölkerung? Inwiefern unterscheidet sich deren Position, die sie in diesem Lied vermitteln, von der Überzeugung der Pegida-Bewegung, die ähnlich auf die Ereignisse in Köln reagierte? Wieso sprechen die Musiker aus der Position der sogenannten „besorgten Bürger*innen", die ihre Heimat durch angeblich „kriminelle Ausländer" bedroht sehen? Im Lied „Völkerrecht", erstmals erschienen auf dem neuesten, Anfang 2018 veröffentlichten Album „Rivalen und Rebellen", inszenieren sie sich als Sprachrohr des einfachen, kleinen Mannes und behaupten sogar: „Wir sind Volkes Stimme, / stolze Freiheitskämpfer!"[51] Das Heimatverständnis von Frei.Wild ist zweifelsohne komplex. Gerade deshalb ist ein umfassender, detaillierter Einblick in den Fundus ihrer Liedtexte erforderlich. Ein Einblick zeigt, dass das Heimatverständnis mit der Verklärung der Berge und Täler, Wälder und Seen beginnt und in der Verachtung aller endet, die ihre Vorstellung von Heimat, Volk und Identität kritisieren.

Hart umkämpfter Deutschrock-Markt: Böhse Onkelz vs. Frei.Wild

Nachdem Böhse Onkelz ihre – zwischenzeitlich – letzten Konzerte am 17./18. Juni 2005 vor rund 180.000 Menschen gespielt hatten, schossen Coverbands und Bands im Stile von Böhse Onkelz buchstäblich „wie Pilze aus dem Boden" (Elflein 2014: 108). Zwischen Onkelz-Coverbands und -Fanclubs stellte sich allmählich die Frage, wer das Erbe um die Frankfurter Musiker antreten würde. Es entstand eine verzweigte Deutschrock-Szene mit über 100 Bands, die sich in der Tradition der Böhsen Onkelz bewegen. Sie tragen Namen wie Kärbholz, Serum 114 und Frei. Wild. Die „Größte Onkelz Nacht Deutschlands" („G.O.N.D.") ist eine Modenschau der Szene. Etwa 20.000 Menschen pilgern Jahr für Jahr in die Provinz, um das Who-is-Who des Deutschrock zu erleben. Seit Jahren sind sich Expert*innen einig: Das „heiß umkämpfte Erbe" (Radke, 10.5.2012) trat Frei. Wild aus Südtirol an. Bereits 2010 stellten Schulze und Weiss fest, die Band mache ein „Identitätsangebot, das die Lücke füllt, die von den Böhsen Onkelz hinterlassen wurde" (Schulze/ Weiss, 11.12.2010). Im Laufe der Jahre bestätigte sich der Eindruck. Frei.Wild erklimmt regelmäßig die Spitze der deutschen

Album-Charts und füllt die Arenen deutscher Großstädte. Die Südtiroler sind das beste Beispiel für die zu Beginn der 2000er-Jahre aufsteigende Deutschrock-Szene. Schließlich starteten sie ihre musikalische Karriere auf den Bühnen der „G.O.N.D.", seit Bestehen des Festivals im Sommer 2006 traten sie die ersten sechs Jahre regelmäßig auf. Einst widmeten sie ihrem Vorbild ein eigenes Lied mit dem Titel „B.O.U.L." („Böhse Onkelz Unser Leben"). In den Jahren, in denen Böhse Onkelz eine Pause machten, stand der Gitarrist Matthias Röhr im Zuge des wachsenden Erfolges der Südtiroler sogar mehrere Jahre beim Frei. Wild-Label Rookies & Kings unter Vertrag. Wie ist das Verhältnis zwischen den beiden Bands heute? 2012 erklomm Frei. Wild mit dem Album „Feinde deiner Feinde" erstmals die Nr. 1 der deutschen Album-Charts samt Goldener Schallplatte. Seitdem spielte die Band nicht mehr auf der „G.O.N.D.".

2015 rechnete Frei.Wild-Sänger Philipp Burger in beispielloser Weise mit Böhse Onkelz ab, allen voran mit Sänger Kevin Russell und Bassist Stephan Weidner. Burger wählte harsche Worte, obwohl die Südtiroler noch ein Jahr zuvor das Böhse-Onkelz-Comeback als „musikalische Wiedervereinigung des Jahres" (Frei.Wild, 14.02.2014) bezeichneten. Damals legten sie noch Wert auf die scheinbaren Gemeinsamkeiten der Musiker: „Beide Bands singen Lieder aus dem Leben und geben einen Scheiß darauf, was andere Menschen über sie denken und erzählen." Wenn der Undercover-Journalist Thomas Kuban schreibt, Frei.Wild habe die „Marktlücke besetzt, welche die Böhsen Onkelz […] hinterlassen haben" (Kuban 2012: 295), deutet er an, was die Deutschrock-Szene kennzeichnet. Die Szene ist vor allem ein Markt, in der ein erbitterter Kampf um Profite geführt wird. Der Tag des Comebacks, der 20. August 2014, ist bezeichnend für diesen Kampf: Unter dem Motto „Wir ham noch lange nicht genug!" feierten Böhse Onkelz das erste Konzert nach neun Jahren. Die beiden Konzerte, die sie an diesem Wochenende auf dem Hockenheimring mit über 200.000 begeisterten Fans zelebrierten, waren bereits nach wenigen Minuten ausverkauft. Jedoch war das Comeback für eingefleischte Deutschrock-Fans nicht das einzige Highlight in diesen Tagen: Vom 19. bis 22. Juni 2014 fand über 500 Kilometer entfernt das „Alpen Flair"-Festival in einer Kleinstadt nahe Brixen in Südtirol statt. Das dreitägige Festival, das über 30.000 Menschen besuchten, wurde von Frei.Wild ins Leben gerufen und veranstaltet. Das „größte Volksfest Südtirols", das erstmals drei Jahre zuvor stattfand, kombiniert Deutschrock mit Schlager und volkstümlicher Musik. Neben bekannten Szene-Bands wie Serum 114, Goitzsche Front und Unantastbar traten auch Bands wie Die Jungen Zillertaler, Wildecker Herzbuben und Kastelruther Spatzen auf. 2014 kündigten sich auch Heino und Matthias Reim für das Festival an. Es sollte, wie im Vorfeld des „Alpen Flair"-Festivals angekündigt wurde, der einzige Auftritt von Frei.Wild in diesem Jahr sein. Die Fans mussten sich zwischen ihren Idolen entscheiden.

Seitdem die Südtiroler Band enorme Erfolge durch eigene Festivals, ausverkaufte Tourneen und Goldene Schallplatten verzeichnet, erhöht sie kontinuierlich ihren Einfluss auf dem Deutschrock-Markt: Mitte März 2018 veröffentlichte Frei.Wild das Studioalbum „Rivalen und Rebellen", erreichte damit Platz 1 der deutschen und österreichischen Charts und ging von Ende März bis Ende April in 19 Städten auf Tournee. Die meisten Konzerte fanden in Deutschland, jeweils eines in Österreich, Italien und der Schweiz statt. Die Band spielte auf wenigen, ausgewählten Festivals und machte Auftritte auf „fremden" Festivals zur Rarität. Vom 19. bis 21. Juli 2018 trat sie auf dem „Rock-Dein-Leben"-Festival im süddeutschen Laichingen auf und teilte die Bühne mit beliebten Deutschrock-Bands wie Krawallbrüder, Unantastbar und Goitzsche Front; im Folgejahr spielte sie erneut dort. Frei.Wild baut das „Alpen Flair"-Festival stetig aus und lud in den vergangenen Jahren erfolgreiche Bands wie die preisgekrönte Metal-Band Volbeat aus Dänemark ein. Zudem startete sie 2018 eine Tour mit Bands ihres Labels Rookies & Kings einschließlich Konzerten in einem Dutzend deutscher

Großstädte. In der Ankündigung heißt es bezeichnenderweise, „im hart umkämpften Plattenmarkt“ stehe ihr Label „seit Jahren ganz oben im Kurs“. Das ist die Sprache eines erbittert geführten Kampfes auf dem Schlachtfeld des Deutschrock-Marktes. Die Konkurrenz ist erheblich, schließlich sind die meisten Bands des Spektrums inhaltlich und musikalisch kaum unterscheidbar.

Über die deutsche Sprache hinaus eint die Deutschrock-Szene die „Inszenierung einer scheinbaren Authentizität“ (Farin 2015: 230). So inszenieren sich die Südtiroler als einfache, bodenständige Männer, die eine ehrliche Musik machen, in der sie unerschrocken singen, was sie denken. Die Figur, die auf der Bühne steht und ihre Show zelebriert, und der reale Mensch, der hinter dieser Figur steht, können mühelos in eins gesetzt werden. Sie geben sich konservativ und sind konservativ. In ihrer Promo schreiben die Musiker, sie seien „bodenständig, geradlinig und ein bisschen rebellisch“ und machten „Musik aus dem Leben“, die ein „positives, kraftvolles Lebensgefühl“ vermittle. Ihre Musik sei eine „Gegenkultur“ zur übrigen Musikwelt. Im Deutschrock sehen sie „was Erdigeres“ mit „bodenständigen Texten“ (Farin 2015: 87), denn die Musik sei ehrlich und spreche die Wahrheit aus. Im Lied „Deutschrock ist Leidenschaft“ singt Burger: „Deutschrock ist, Deutschrock bleibt für uns das Leben“[52]. Nach Einschätzung des Musikwissenschaftlers Thorsten Hindrichs ist diese Haltung in der gesamten Deutschrock-Szene verbreitet. Die Musik selbst, nämlich einfacher, ehrlicher Punkrock „im Sinne einer Crossover-Gattung“ (Hindrichs 2014: 157) mit Gesang, Gitarre, Bass und Schlagzeug, ergänzt diese „Inszenierungstechnik“. In musikalischer Hinsicht ist Punkrock der kleinste gemeinsame Nenner für Bands, die sich in dieser Szene bewegen. Das bedeutet für die heutige Deutschrock-Szene: „Der neue Punkrock wandert [...] im Gegensatz zum alten nicht von der politisch linken, sondern von der politisch rechten Seite in Richtung Mitte.“ (Elflein 2014: 107) Die Bands grenzen sich textlich von linken Positionen ab und ordnen sich zumeist in die vermeintlich unpolitische Mitte ein.

Neuer Deutschrock und die rechte Rebellion

Hindrichs spricht in Bezug auf Bands wie Frei.Wild von einem Neuen Deutschrock. Die Musik unterlag in den letzten Jahrzehnten einem tief greifenden Wandel: Die Generation, die in den 1960er- und 1970er-Jahren mit Popmusik sozialisiert wurde, versteht unter Deutschrock das, was heutzutage mit Krautrock verbunden wird. Die Generation, die in den 1980er- und 1990er-Jahren mit deutschsprachiger Musik sozialisiert wurde, versteht unter Deutschrock das, was heutzutage vom Neuen Deutschrock getrennt wird (vgl. Farin 2015: 230). Die neue Spielart liegt musikalisch zwischen Neuer Deutscher Härte (à la Rammstein) und Alternative (à la Sportfreunde Stiller). Rückblickend beschreibt Deutschrock also „zwei historisch abgegrenzte Phänomene" (Elflein 2014: 107). In den 1970er- und 1980er-Jahren prägten im Wesentlichen deutschsprachige, aus Westdeutschland stammende Bands den Deutschrock, obwohl deren Musik äußerst unterschiedlich klang. Die Bands teilten scheinbar eine fortschrittliche, aufklärerische Haltung; diese Einschätzung beruhe Hindrichs zufolge auf der Annahme, Rockmusik sei widerständig, rebellisch und links (Hindrichs 2014: 155). Martin Büsser erkannte die Entwicklung nach rechts bereits früh und schrieb über die rechte Rebellion: „Der Prozeß [sic!], der Pop zu einer Art gefügiger, politisch opportuner Leitkultur […] hat werden lassen, ging schleichend vonstatten und transportierte deshalb noch alte, vermeintlich linke Freiheitsmythen, als er längst schon Anwärter für die nationale Sache war." (Büsser 2001: 64) Er schloss daraus: „Die Frage nach einer musikalischen Opposition zum gesellschaftlichen Mainstream ist also keine Frage zwischen Rammstein und Campino, zwischen Onkelz oder Kyuss, sondern eine Entscheidung zwischen Rock und den immer marginaler werdenden musikalischen Fluchtbewegungen, die sich vom Rock fortbewegen." (Büsser 2001: 65) Die Einschätzungen, die er in diesen Zeilen äußerte, waren rückblickend eine kritische Bestandsaufnahme und Prophezeiung zugleich. Seine Worte stammen aus dem Jahr der Gründung von Frei.Wild, damals konnte man die Entstehung und Etablierung einer solch erfolgreichen und auf dem Musikmarkt dominanten Deutschrock-Szene kaum ahnen.

Mittlerweile wandelte sich der Deutschrock umfassend und meint vorrangig Bands, die mit einem unpolitischen Image werben, aber einen konservativen Anspruch pflegen. Treffend merkte Büsser auch zum scheinbar Unpolitischen an: „Wer den Wandel von Popkultur hin zur Teilhabe an der gesellschaftlichen Mitte nachvollziehen will, kann sich nicht darauf beschränken, nach offenkundig Rechtem Ausschau zu halten; die Ideologie spielt sich vielmehr im vermeintlich Unpolitischen ab“ (Büsser 2001: 65). Spätestens in den 1990er-Jahren ist die Verlässlichkeit verschwunden, dass Subkultur stets für Gesellschaftskritik steht. Am Ende des 20. Jahrhunderts funkionierte lediglich eine Band in Deutschland nach altbekannten Mustern aus der Subkultur: Böhse Onkelz.

Gemeinsamkeiten und Unterschiede

Was eint und trennt Neue Deutschrock-Bands wie Frei.Wild von Böhse Onkelz, die nach ihrer Reunion neue Alben veröffentlichten und abseits der bekannten Deutschrock-Festivals ihr eigenes „Matapaloz“-Festival am 22./23. Juni 2018 auf dem Gelände der Leipziger Messe auf die Beine stellte? Die Hybris, die erhebliche Selbstüberhöhung in den Liedtexten von Böhse Onkelz sticht rasch ins Auge, die sich in diesem Ausmaß deutlich vom Selbstbild anderer Bands unterscheidet: „Wir sind Gesandte des Himmels, / Gottes rechte Hand / und seine Stimme. / […] / Wir sind heilige Dämonen, / wir sind Götter / aus anderen Dimensionen.“[53] Der Songtitel „Gehaßt, Verdammt, Vergöttert“ und der Albumtitel „Heilige Lieder“ geben bereits erste Eindrücke der sprachlichen, mit Ironie angereicherten Extreme. Im Lied „Heilige Lieder“ singen die Musiker: „Hier sind die süßesten Noten / jenseits des Himmels. / Heilige Lieder aus berufenem Mund, / wahre Worte / im Dschungel der Lüge.“[54] Die Zeilen münden in die selbstironische Bemerkung: „Mit scheinheiligen Liedern erobern wir die Welt.“ Ein weiteres, recht eindrückliches Beispiel für ihr Selbstbild liefern sie im Lied „Willkommen“: „Unsere Lieder bauen Brücken, / ganz gleich, an welchem Ort. / Willkommen im Reich der Onkelz, / im Land der Illusion, / im Universum deiner Wünsche, / in einer anderen, in einer anderen Dimension.“[55] Die Hybris erhoben sie seit Anbeginn ihrer Geschichte zu ihrer „Marketingstrategie“ (Schulze/Weiss, 11.12.2010).

Das Image des bösen Buben findet sich leicht verändert im Neuen Deutschrock wieder. Es wird mit der Stimme verknüpft, die „unangenehme Wahrheiten“ ausspreche. Die Themen und die gewählten Perspektiven, aus der die Lieder gesungen werden, sind grundsätzlich ähnlich. Ein Blick in das Sammelsurium der Liedtexte zeigt schnell, dass Themen und Konzepte wie Freund- und Feindschaft, Freiheit und Selbstbestimmung, Männlichkeit und Stärke sowie Ehrlichkeit und Treue im gesamten Spektrum reichlich besetzt werden. Die meisten Liedtexte sind aus der Ich/Wir-Perspektive geschrieben, die sich gegen „die anderen“ behaupten müsse. Sehnt sich das Ich/Wir nach Wahrheit, Freiheit und Ehrlichkeit, schränken „die anderen“ sie ein. Hindrichs resümiert: „Das ausnahmslos einzige Lösungsangebot, das in den Songtexten gemacht wird, ist, dass das ‚Ich‘ sich gegen ‚die‘ zur Wehr setzen muss.“ (Hindrichs 2014: 161)

Neuer Deutschrock und Volkstümliche Musik

Das Thema Heimat spielt in den Liedtexten von Böhse Onkelz kaum bis keine Rolle. Einzig in den frühen 1980er-Jahren, in denen die Musiker NS-verherrlichende und rassistische Lieder verbreiteten und ihre Platten auf dem Neonazi-Label „Rock-O-Rama“ veröffentlichten, bezogen sie sich auf ihr Heimatverständnis. So beschrieben sie ihr „Heimatland“[56] in einem 1984 erschienenen Lied mit dem programmatischen Titel „Deutschland“. Nachdem sie von der Neonazi-Szene Abstand genommen hatten und sich auf die Suche nach kommerziellen Erfolgen begaben, widmeten sie sich weitestgehend Themen wie Schmerz, Freundschaft und Alkohol.

Frei.Wild hat sich im Laufe der Jahre ein Alleinstellungsmerkmal gesichert. Die Südtiroler haben ihr Heimatverständnis in die Themen und Konzepte des üblichen Neuen Deutschrock eingebettet und damit die gesamte Szene nachhaltig verändert. Das Identitätsangebot der Band wird über Geburt und Herkunft eines Menschen bestimmt (vgl. Büchner 2015: 26), wobei die besungenen Feindbilder alle sind, die das reaktionäre Heimatverständnis der Musiker kritisieren. Obwohl einzelne Bands aus dem Deutschrock-Spektrum versuchen, an das Thema Heimat anzuknüpfen, bröckelt das Alleinstellungsmerkmal der Südtiroler wohl nicht: Goitzsche Front aus Sachsen-Anhalt bietet der Szene spätestens seit ihrem 2014 erschienenen Album „... aus Ruinen" einen alternativen Identifikationspunkt mit der ostdeutschen Identität. Schließlich ist die Südtiroler Identität im deutschsprachigen Raum nur begrenzt anschlussfähig. Der Politikwissenschaftler Tobias Betzin bezeichnete Goitzsche Front daher als „Frei.Wild des Ostens" (Betzin 2016: 12). Das ostdeutsche Identitätsangebot klingt im Lied „Der Osten rockt!!!" an: „Wir werden es euch zeigen, / was es heißt, ein Ossi zu sein!" (Betzin 2016: 51) Was sie allerdings von Frei.Wild unterscheidet: Die Südtiroler packen ihr Verständnis von Heimat in das einfache Weltbild zwischen „wir" und „die anderen" (vgl. Hindrichs 2014: 168). Damit begeben sie sich in das höchst politische Geflecht von Patriotismus und Nationalismus, Volk und Nation, das Menschen ein- und Menschen ausschließt.

Der oftmals von Frei.Wild bemühte Verweis, in der volkstümlichen Musik handelten fast alle Lieder von Heimat und damit habe niemand ein Problem, spiegelt nur die halbe Wahrheit wider. Denn im Großen und Ganzen ist Heimat in der volkstümlichen Musik ein „vergleichsweise unspezifischer Sehnsuchtsort" (Hindrichs 2014: 169), der keinerlei Unterscheidung zwischen „wir" und „die anderen" kennt. In den Liedtexten der volkstümlichen Musik sind „Wir gegen die anderen"-Konstruktionen kaum bis nicht zu finden. Zudem sind „die anderen" fast nie eine Bedrohung des Eigenen. Die Lesart der Musiker manifestiert sich in ihrem „größten Volksfest Südtirols", auf dem sich Künstler*innen der volkstümliche Musik und des Neuen Deutschrock eine Bühne teilen. Welcher Unterschied sollte zwischen den Kastelruther Spatzen und Frei.Wild bestehen, wenn sie nacheinander am selben Tag auf derselben Bühne auftreten? Die inhaltlichen Unterschiede werden durch solche Events verwischt.

„... stirbt unser kleines Volk" – Heimat, Volk und „Volkstod"

Das Heimatverständnis der Musikgruppe Frei.Wild fußt auf der Verklärung Südtirols. Die Wurzeln liegen in der Rechtsrock-Band „Kaiserjäger" (2000 bis 2001), in der die heutigen Sänger von Frei.Wild und Unantastbar spielten. Der Name bezieht sich auf die sogenannten „k.u.k. Kaiserjäger" der Armee Österreich-Ungarns, die im frühen 19. Jahrhundert im Dienst des Kaisers stand. Die Lieder der Demo-CD „Raff dich auf!" (2000) hießen entsprechend „Meine Heimat heißt Tirol", „Österreich", „Andreas Hofer" und „Kaiser Franz". Ein pro-österreichischer Nationalismus einte die Liedtexte der Demo: „Heil dem Kaiser / Heil dem Lande / Österreich wird ewig stehen / Blut und Blut für unser'n Kaiser / Blut und Blut für's Vaterland"[57] Unter Heimat verstanden sie das ethnisch homogene Tirol. Heutzutage verantworte die italienische Regierung, dass Menschen aus anderen Regionen und Ländern der Erde „sesshaft" würden und dadurch die ethnische Reinheit Tirols bedrohten: „Die Haare kahl, einen Willen aus Stahl, / stolz auf die Heimat und Hass auf den Staat. / Ja, glaubt es mir ruhig, die wandern bald bei uns ein, / dann werden wir hier die Ausländer sein. [...] Ich hasse diese ganze Scheißgesellschaft, / diese Neger und Yugos werden hier sesshaft. / Doch den größten Teil der Schuld tragt nun mal ihr, / deshalb haben wir ja auch dieses Gesindel hier."[58]

In Anbetracht solcher Liedtexte, die zum gewöhnlichen Rechtsrock-Repertoire gehören, klingt die Frage ein wenig überflüssig: Ist Kaiserjäger damals eine Rechtsrock-Band und

Frontmann Philipp Burger ein Neonazi gewesen? In offiziellen Stellungnahmen und Interviews zeigte sich Burger dennoch unschlüssig: „Das war keine Naziband, sondern eine Band von drei Jugendlichen, die darin ein drei Viertel Jahr lang Akkorde geübt hat. Es ging um Liebe, Freundschaft und Alkohol." (vgl. Kuban 2012: 294) Nach einer „Massenschlägerei zwischen Deutsch und Italienisch sprechenden Neonazis", an der die italienischen Veneto Fronte Skinheads beteiligt waren, wandte sich Burger im Februar 2001 von der extremen Rechten ab und gründete gemeinsam mit Gitarrist Jonas Notdurfter wenige Monate später Frei.Wild.

Das Lied „Südtirol", erstmals 2003 auf dem Album „Wo die Sonne wieder lacht" erschienen, widmeten die Musiker ihrer Herkunft; sie sind größtenteils in der Südtiroler Stadt Brixen aufgewachsen. Das Lied ist Expert*innen zufolge eine „nationalistische Hymne" (Radke, 10.5.2012): „Südtirol, wir tragen deine Fahne, / denn du bist das schönste Land der Welt. / Südtirol, sind stolze Söhne von dir, / unser Heimatland, wir geben dich nie mehr her. / Südtirol, deinen Brüdern entrissen, / schreit es hinaus, dass es alle wissen! / Südtirol, du bist noch nicht verlor'n / – in der Hölle sollen deine Feinde schmor'n!"[59] Wer sind die „Brüder" und wovon wurden sie entrissen? Frei.Wild blickt auf die Geschichte Südtirols und positioniert sich in der historischen und tagespolitischen Südtirol-Frage. Die Zeilen richten sich gegen die Mehrheit der Südtiroler Bevölkerung, die sich ausdrücklich gegen eine Loslösung Südtirols von Italien ausspricht. Um den Kontext dieser Zeilen nachvollziehen zu können, ist ein Blick in die Geschichte erforderlich: Nach Ende des Ersten Weltkrieges und der Trennung Österreich-Ungarns in zwei unabhängige Staaten folgte die Teilung Tirols. Das Tirol ist eine in den Alpen gelegene Region, die sich heute vom Westen Österreichs bis in den Norden Italiens erstreckt und zeitweise unter gemeinsamer Herrschaft stand. Im Anschluss an die Vereinbarung des Waffenstillstandsabkommens (3.11.1918) zwischen Österreich-Ungarn und Italien besetzten italienische Truppen das Gebiet Südtirols. Der Vertrag von St. Germain (10.9.1919) übertrug Nord- und Ostttirol der neu konstituierten Republik Österreich und übertrug Süd- und Welschtirol dem damaligen Königreich Italien – ohne Autonomiebestimmungen und ohne Minderheitenschutz (Steininger 1999: 10). Mit der faschistischen Machtübernahme in Italien 1922 setzte in Südtirol eine gewaltsame „Italianisierung" (Steininger 1997: 78) in sämtlichen Lebensbereichen ein, um die Überreste der österreichischen Herrschaft zu beseitigen. Nachdem das Deutsche Reich Österreich annektiert hatte („Anschluss") und die deutsch-italienischen Grenzen festgelegt wurden, bestimmte das Hitler-Mussolini-Abkommen (21.10.1939) ein Umsiedlungsabkommen. Es stellte die deutsch- und ladinischsprachigen Menschen vor die Wahl, „entweder für die deutsche Staatsbürgerschaft zu optieren […] oder sich für die Beibehaltung der italienischen Staatsbürgerschaft zu entscheiden" (Steininger 1997: 158). „Optant" oder „Dableiber"? Für die Umsiedlung in das Deutsche Reich entschieden sich am Ende rund 86 Prozent, wobei bis September 1943 nur 75.000 Menschen tatsächlich ins Deutsche Reich auswanderten. Ehe die Umsiedlung abgeschlossen war, geriet Südtirol mit dem Sturz Mussolinis und der deutschen Invasion in Norditalien unter die Herrschaft des NS-Regimes. Nach Ende des Zweiten Weltkrieges und den beiden Autonomiestatuten von 1948 und 1972 genießt die aus etwa 510.000 Menschen bestehende Bevölkerung Südtirols, die sich aus deutsch-, italienisch- und ladinischsprachigen Menschen zusammensetzt, heute umfangreiche Autonomierechte. Dennoch klagt Frei.Wild über Einschränkungen durch die italienische Regierung. Die Klagen gipfeln in der Aussage: „Kurz gesagt, ich dulde keine Kritik / an diesem heiligen Land, das uns're Heimat ist. / Darum holt tief Luft und schreit es hinaus: / Heimatland, wir geben dich niemals auf!" Gepaart mit der Aussage des Refrains, die Feinde der Unabhängigkeit Südtirols sollten „in der Hölle" schmoren, bleibt die Frage, inwiefern Frei.Wild abweichende Meinungen und Überzeugungen in der Südtirol-Frage akzeptiert. Die letzte Strophe zeigt, dass Südtirol nicht nur geografisch festgelegt, sondern auch „sakral erhöht und bis in alle Ewigkeit auf – den ohne Zweifel christlichen – Gott bezogen" (Hindrichs 2014: 165) wird.

Die Beschreibung, Südtirol sei ein „heiliges Land", ist einschlägig. Bereits im Lied „Meine Heimat heißt Tirol", das Burger wenige Jahre zuvor für seine Rechtsrock-Band Kaiserjäger schrieb, wird Tirol ein „heiliges Land"[60] genannt. Deshalb verwundert kaum, dass das Lied „Südtirol" laut Kuban „in den letzten Wochen der Kaiserjäger geboren" (Kuban 2012: 294) wurde.

Auf der Suche nach dem Heimatverständnis von Frei.Wild gibt die Rockballade „Wahre Werte", erstmals 2010 auf dem Studioalbum „Gegengift" veröffentlicht, spannende und bisweilen entlarvende Einblicke. „Wir", die sich über gemeinsame Werte und verwandtschaftliche Verhältnisse definieren, stehen den „anderen" gegenüber. Im Sinne des völkischen Duktus, der in der klassischen Rockballade gepflegt wird, sind „die anderen" die „Volksverräter" (vgl. Hindrichs 2014: 167). Um die Inhalte und Botschaften des Liedes zu verstehen, ist sowohl der Liedtext als auch das offizielle Video der Ballade von Bedeutung. Der Vorspann des Videos beginnt mit Distanzierungen nach Rechtsaußen: „NIE WIEDER FASCHISMUS / NIE WIEDER NATIONALSOZIALISMUS / FREIHEIT FÜR JEDEN MENSCHEN DIESER WELT". Zugleich wendet sich der Vorspann gegen die Glorifizierung des Faschismus durch italienische Behörden: „FASCHISTISCHE DENKMÄLER: TOLERIERT, RENOVIERT, VERHERRLICHT". Am Ende wird das Logo der Kampagne „Frei.Wild gegen Rassismus und Extremismus" eingeblendet. Zwischen die Distanzierungen platziert Frei.Wild die Behauptung, Heimatliebe sei in Deutschland ein Tabu, und prangert das vermeintliche Tabu im Vorspann an: „DIE LIEBE ZUR HEIMAT: VERSPOTTET, INS RECHTE ECK GEDRÜCKT" und „WERTE DER HEIMAT: VERNICHTET, ZERSTÖRT, MIT FÜSSEN GETRETEN". Hinter der Behauptung steckt die Vorstellung, die in Deutschland lebenden Menschen würden ihre Heimat hassen und sich aufgrund der deutschen Geschichte für die eigene Heimat schämen. Im Verlauf der Ballade wendet sich Frei. Wild gegen diese Menschen: „Wann hört ihr auf, eure Heimat zu hassen? / Wenn ihr euch ihrer schämt, dann könnt ihr sie doch verlassen! / […] / Sehe schon die Nachwelt klagen und fragen: / Warum habt ihr das verkommen lassen? / Die Wurzel des Landes, wie kann man die hassen? / Nur, um es manchen recht zu machen, / die nur danach trachten, sich selbst zu verachten.“[61] Die Menschen, die ihre Heimat angeblich hassen und verachten, stehen im Gegensatz zur „Wir“-Gruppe (Brunner 2011: 4), die aus einem konservativen, patriotischen Tiroler „Volk“ besteht.

Mit der Rockballade begibt sich Frei.Wild auf ein brandgefährliches, äußerst politisches Terrain. Die Musiker nehmen Stellung zur Südtirol-Frage und behaupten, Heimat ließe sich über Blut und Boden bestimmen. In der ersten Strophe singt Burger: „Da, wo wir leben, da, wo wir stehen, / ist unser Erbe, liegt unser Segen. / Heimat heißt Volk, Tradition und Sprache / – für uns Minderheiten eine Herzenssache. / […] / Doch wir sind verpflichtet, dies zu bewahren. / Unser Tirol gibt’s seit 1.200 Jahren!“ Das Video zur Ballade untermalt diese Lesart: Im Mittelpunkt stehen Aufnahmen des „Unabhängigkeitstags“, der regelmäßig vom sogenannten „Südtiroler Schützenbund“ (SSB) veranstaltet wird. Dem Bund, dem derzeit rund 5.000 Menschen angehören, liegt nach eigenen Angaben die „Erhaltung der Heimat, die Traditionspflege und der Väterglaube am Herzen“ (SSB 2018). Worin sieht der SSB seinen „volkstumspolitischen Auftrag“? Ein Blick in seine Statuten zeigt: Das Ziel des Bundes ist die „Einheit des Landes Tirol“, der „Schutz der Heimat und der Tiroler Lebens- und Wesensart“ sowie die „Existenzsicherung der deutschen und ladinischen Volksgruppe in der angestammten Heimat“. Daran schließt sich die Frage an: Was versteht der SSB unter der „Tiroler Wesensart“? Im Selbstverständnis beschreibt er, die „Wesensart“ sei eine durch Sprache, Kultur, Glaube, Recht und Werte gekennzeichnete Identität, die gegen innere und äußere Feinde verteidigt werden müsse (vgl. SSB 2011). Pikant: Das Video zu „Wahre Werte“ entstand in Kooperation mit dem SSB. Burger kontaktierte den Pressesprecher Efrem Oberlechner und fragte ihn, „ob wir ihm unser Filmmaterial für sein Lied zur Verfügung stellen und beim Schnitt behilflich sein können“ (Farin 2015: 159). Die Schützen hätten der Kooperation zugestimmt, „weil uns die patriotischen Lieder […] gefallen“ und die Musiker in diesen Liedern „auch unsere Einstellung gegenüber unserer Heimat“ vertreten. Mit der Kooperation wollte er den Musikern „eine moralische Unterstützung geben“. Die Kooperation offenbart Zweifel an der Behauptung der Musiker, ihre Band sei unpolitisch und politisch unabhängig.

Die zweite Strophe der Ballade knüpft nahtlos an das Heimatverständnis des SSB an. Die Identität des Tiroler „Volkes“ wird darin mit ähnlichen Attributen wie „Sprache, Brauchtum und Glaube“ versehen und deren Fortbestand wird bildlich mit der „Wurzel des Landes“ gleichgesetzt. Frei.Wild befürchtet den drohenden sogenannten „Volkstod“, wenn diese „Wurzel“ nicht genährt, gepflegt und geschützt werde: „Wo soll das hinführen, wie weit mit uns gehen? / Selbst ein Baum ohne Wurzeln kann nicht bestehen. / Wann hört ihr auf, eure Heimat zu hassen? / Wenn ihr euch ihrer schämt, dann könnt ihr sie doch verlassen. / Du kannst dich nicht drücken, auf dein Land zu schauen. / Denn deine Kinder werden später drauf bauen. / Sprache, Brauchtum und Glaube sind Werte der Heimat / – ohne sie gehen wir unter, stirbt unser kleines Volk.“ Die „Annahmen von Verwurzelung und organischer Zugehörigkeit“ (Schulze/Weiss 2010), die in der Ballade getroffen werden, sind die Grundlage einer Blut-und-Boden-Ideologie, nach der die Zugehörigkeit zu einem „Volk“ über Abstammung und Vererbung bestimmt wird. Der Wunsch eines ethnisch homogenen Volkes, das über *eine* kollektive Identität und über *eine* Kultur verfügt, schließt eine vielfältige Gesellschaft aus. Mehr noch: Die Annahme, das ethnisch homogene Volk werde durch Einwanderung bedroht, richtet sich gegen Einwanderung. Denn sie münde schließlich in den sogenannten „Volkstod".

Die Band erweckt den Eindruck, ihre Haltung sei die einzige, die Südtiroler*innen zur Südtirol-Frage haben können, und die einzige, die in Südtirol en vogue sei. Dr. Hans Heiss, Südtiroler Historiker und seit 2003 Abgeordneter der Grünen im Südtiroler Landtag, widerspricht. Deren Sicht auf Südtirol und auf die Darstellung der Südtiroler Geschichte sei „unerträglich vereinfacht" (Farin 2015: 158), stattdessen seien Mehrsprachigkeit und Kulturvielfalt „grundlegende Prägungen Südtirols" (Farin 2015: 158). Darüber hinaus weist er auf das Perfide der Ballade hin: In Südtirol, „wo die Mitverantwortung an der verheerenden NS-Geschichte durch den sorgsam kultivierten Opferstatus überdeckt wird, wo eigene Leid- und Opfererfahrungen im Vordergrund stehen" (Farin 2015: 159), gilt die Geschichte als weniger belastet und daher ist der Umgang mit „Brauchtum, Glaube und Heimat" unbefangener. Sein Fazit lautet: „Der Song wird offiziell als Südtiroler Spezifikum interpretiert, schafft aber ein völkisches Biotop." (Farin 2015: 159) Einzelne Sequenzen des Videos verweisen auf „Freiheitskämpfer" (Kovahl/Hinz 2014: 14–15; Franceschini 2012: 432) des „Befreiungsausschusses Südtirol" (BAS), der in den 1950er- und 1960er-Jahren gewaltsam für die Unabhängigkeit und ethnische Homogenität Tirols eintrat. Deshalb empfiehlt der Historiker Christoph Franceschini die Bezeichnung „Attentäter". Sie komme der „historischen Wahrheit wohl […] am nächsten" (Franceschini 2012: 432). Die Bezeichnung ermögliche eine präzise Beschreibung, sodass weder eine Verharmlosung noch eine Überhöhung der Handlungen des BAS stattfindet. Der BAS war eine „terroristische Untergrundbewegung" (Franceschini 2012: 431). Im Video wird wenige Sekunden eine Gedenktafel mit der Inschrift „Sie lebten für die Freiheit und Einheit Tirols / Ihre Opfer bleiben uns Verpflichtung" eingeblendet. Unter der Inschrift sind die Namen der fünf BAS-Gründer eingraviert: Luis Amplatz, Franz Höfler, Anton Gostner, Georg Klotz und die

„Führungsfigur“ Sepp Kerschbaumer. Für den SSB sind die Gründer jedoch „Freiheitskämpfer“, die sich für die Vereinigung Tirols einsetzten. Im Interview verharmloste der SSB-Pressesprecher deren Gewalt. Der „Einsatz“ bildete die „Voraussetzung, dass den Südtirolern wenigstens eine Autonomie gewährt wurde“ und sie „überhaupt eine Heimat haben, in der die minimalen Grundrechte eines Volkes gelebt werden können“ (Farin 2015: 159).

Gegründet wurde der BAS im Jahr 1956. In seiner ersten Phase bis 1961 trat er in zweierlei Formen in Erscheinung: Erstens war er eine „Sabotagebewegung“, die mit Anschlägen auf italienische Infrastruktur sowie auf „faschistische[n] Denkmäler und in Bau befindliche Volkswohnbauten“ (Franceschini 2012: 438) in Erscheinung trat. Zweitens war er eine „politische Protestbewegung“, die Flugblätter verteilte und auf der Straße für die Unabhängigkeit Südtirols mobilisierte. Das Ziel war stets die „Nationalisierung“ Tirols. Südtirol sollte von Italien abgespalten und mit dem österreichischen Nord- und Osttirol vereinigt werden. Im Ziel waren sich die Mitglieder des BAS einig, obwohl sich die Vereinigung heterogen zusammensetzte. Unter den Nationalist*innen befanden sich „katholische Idealisten und ehemalige Widerständler ebenso […] wie völkische Revanchisten oder fanatische Neonazis“ (Franceschini 2012: 434). Zwar lehnte die erste Generation des BAS die Ermordung von Menschen ab, dennoch starb in der sogenannten „Feuernacht“ (11.6.1961) ein Mensch. In dieser Nacht, die den Gipfel der Sabotageaktionen markierten, wollte der BAS „durch die Sprengung wichtiger Hochspannungsmasten den Großteil der Elektrizitätsleitungen kappen und dadurch die Stromzufuhr zur Bozner Industriezone lahmlegen“ (Franceschini 2012: 439) wollte. Die Industriezone war in den 1930er-Jahren ein bedeutsames Werkzeug zur „Italianisierung“ Südtirols und besaß daher eine enorme Symbolkraft. In der Nacht wurden 37 Hochspannungsmasten gesprengt. Der Nationalismus, der Glaube und die erbitterte Hoffnung auf die Zusammenkunft des Tiroler „Volkes“, das sich über die heutigen Landesgrenzen Italiens und Österreichs erstreckt, wird bildlich verarbeitet. Indem der Gedenkstein einige Sekunden in den Fokus des Videos gerückt wird, ist die Darstellung eine Verharmlosung und Verherrlichung des BAS (vgl. Sieber, 17.3.2013). Frei.Wild huldigt damit einer terroristischen Untergrundbewegung, für die Gewalt ein legitimes Mittel gewesen ist.

Unpolitisches Image und zweifelhaftes Politikverständnis

Trotz alledem urteilte Klaus Farin in seinem Buch über, so betitelte er Frei.Wild, „Südtirols konservative Antifaschisten": „Ihr Patriotismus ist konservativ, aber nicht ausgrenzend und nicht nationalistisch." (Farin 2015: 324) In kritischen Rezensionen wurde ihm bescheinigt, er habe „Grundregeln seriöser journalistischer oder wissenschaftlicher Arbeit [...] über Bord geworfen" (Werner 2015: 28) und eine „prominente Verteidigungsschrift" auf den Markt gebracht. Der Vorwurf lautete: Das Buch diene einzig dem Zweck, die Musiker „gegen Kritik zu immunisieren". Im Interview mit Burger beispielsweise legt Farin bereits in der Frage die Antwort nahe: „Gibt es für dich einen Unterschied zwischen Patriotismus und Nationalismus – abgesehen davon, dass ihr als Südtiroler eigentlich keine Nationalisten sein könnt [...]?" (Farin 2015: 121) Farin setzt Staat und Nation gleich. Burger nimmt die Vorlage gerne an und echauffiert sich über seine Kritiker*innen: „Südtirol ist kein Staat, uns wegen unseren Texten über dieses Land Nationalismus vorzuwerfen, grenzt schon an politisch-geschichtlicher [sic!] Missbildung." (Farin 2015: 121)

Wieso braucht Nationalismus einen existierenden Staat? Farin ließ sämtliche Mitglieder der Band ausführlich zu Wort kommen. Dabei ist spannend, dass die vier allesamt befragt wurden, was sie unter Heimat verstehen. So antwortete der Schlagzeuger Christian Fohrer zum Beispiel: „Heimat ist für mich ein Ort, mit dem ich sehr viel Positives verbinde. Dort bin ich aufgewachsen, habe viel erlebt und meine Familie und meine

Freunde sind an diesem Ort. Es ist ein Platz auf der Welt, an den man immer wieder gerne zurückkommt und alles machen kann, was man gerne tut. Meine Heimat ist Südtirol. Man braucht nur aus dem Fenster schauen: Allein die Landschaft mit den Bergen muss man einfach lieben." (Farin 2015: 67) Allesamt verbinden sie ihre Heimat mit Familie und Freundschaft, Gewohnheit und Geborgenheit. Die Statements klingen harmlos. In diese Richtung geht ein Teil der Lieder, die sich mit Heimat auseinandersetzen, dazu zählen Songs wie „Mal Heimweh, mal Fernweh"[62] und „Es braucht nicht viel, um glücklich zu sein"[63].

Allerdings ist unschwer zu erkennen, dass die geäußerte Haltung zur Heimat keineswegs mit dem Heimatverständnis in Liedtexten wie „Südtirol" und „Wahre Werte" übereinstimmt. „Heimatliebe" und ein „gesunder Patriotismus", die in diesen beiden Liedern besungen werden, seien angeboren und vor allem unpolitisch – das propagiert Frei.Wild immer und immer wieder. Der Rechtsextremismus-Experte Heribert Schiedel bezeichnete diese Strategie treffend als „Politik des Unpolitischen" (Schiedel, 6.2.2013).

Das prominenteste Lied, in dem Frei.Wild und ihre Heimatliebe als unpolitisch dargestellt werden, heißt „Das Land der Vollidioten". 2006 sind die Zeilen erstmals auf dem Album „Mitten ins Herz" erschienen. Alle Menschen, die „Heimatliebe" mit Politik verbinden und darin ein Verbrechen sehen würden, seien „Vollidioten": „Ihr seid dumm, dumm und naiv, / wenn ihr denkt, Heimatliebe ist gleich Politik. / […] / Das ist das Land der Vollidioten, / die denken, Heimatliebe ist gleich Staatsverrat. / Wir sind keine Neonazis und keine Anarchisten. / Wir sind einfach gleich wie ihr – von hier!"[64] Die Musiker antworteten im Rahmen ihrer zwischenzeitlichen „Die Macht der Medien"-Kampagne auf die Frage, ob ihre Band politisch sei: Frei.Wild sei zwar „keine politische Band im Sinne einer Festlegung auf parteipolitische Inhalte", habe aber „sozialkritische" Lieder. Sozialkritisch, aber unpolitisch? Das ist widersprüchlich (vgl. Weiss 2012: 9). Zudem liegt auf der Hand: Wer das Politische auf Parteien beschränkt, nimmt an, dass ein soziales Miteinander und Debatten um Heimat, Volk und Identität in einem politikfreien Raum stattfinden würden (vgl. Weiss 2012: 9)

Das Image des Unpolitischen ist eine Schutzbehauptung, um sich gegen geäußerte Kritik zu wehren. 2012 erklärte Burger, Zugehörigkeit sei ein „Grundbedürfnis" des Menschen und Identitätssuche vermittle Orientierung in schwierigen Lebenslagen, und schloss fälschlicherweise daraus, der Mensch strebe nach einer nationalen Zugehörigkeit. Das Streben nach Volk und Nation sei ein natürlicher Drang des Menschen. Heimatliebe und Patriotismus beruhten auf biologischer und nicht auf einer politischen Grundlage, sie seien auf biologische Weise erklärbar. Burger zufolge sei die Suche nach einer nationalen Identität in Südtirol aufgrund historischer Erfahrungen besonders ausgeprägt, wodurch Worte wie Patriotismus und Heimatliebe einen gänzlich „anderen Klang" besäßen. Während in Deutschland solche Begriffe mit einer anderen „Sensibilität" verwendet würden und „eher negativ besetzt und belastet" seien, stünde Patriotismus in Südtirol stets für „etwas Positives weit weg von irgendwelchen stumpfen Parolen" (Rietzschel, 8.3.2013).

Wenn Heimatliebe, Patriotismus und der positive Bezug auf Volk und Nation unpolitisch sind, liegt nahe, dass sich Frei.Wild selbst ebenso in unpolitischem Licht sieht. Die „Politik des Unpolitischen" wird durch eine „Extremismus"-Distanzierung ergänzt. Das belegt das Lied „Das Lied der Vollidioten": „Wir tanzen keinen Adolf Hitler, / tanzen keinen Mussolini […]. / Wir mögen keinen Marx und Engels […]."[65] Im Refrain versichern die Musiker nochmals, dass sie „keine Neonazis und keine Anarchisten" sind.

Ein weiteres Beispiel ist die Kampagne „Frei.Wild gegen Rassismus und Extremismus": Sie wurde Ende 2012 ins Leben gerufen, nachdem die Nominierung der Band für den „Echo" zurückgezogen wurde und die NPD zu einer Mahnwache „für Kunst- und Meinungsfreiheit" mobilisierte. Die Kampagne war eine „Reaktion auf den losgebrochenen Sturm gegen uns samt

Windstößen aus Lügen und Märchen" (Frei.Wild, 1.11.2012). Die mediale Debatte um die „Echo"-Preisverleihung im März 2013, in der mehrere Künstler*innen ihre Teilnahme absagten, endete mit der Entscheidung, die Nominierung von Frei.Wild zurückzuziehen. In der offiziellen Begründung teilte der Verband mit, die Preisverleihung solle nicht zum „Schauplatz einer Debatte um das Thema der politischen Gesinnung einer Band" (Rietzschel, 8.3.2013) werden. Ein eigens konstituierter „Ethik-Beirat" entschied 2014 über die Nominierung der Südtiroler Band. Das Urteil lautete, Frei.Wild habe die „Grenzen vom künstlerisch Vertretbaren zum gesellschaftlich völlig Unvertretbaren nicht überschritten" (Sieber, 17.3.2013). Der „Ethik-Beirat" würgte die notwendige Debatte in der Gesellschaft um Frei. Wild ab. Niemand regte sich davor (2011) und danach (2015–2017) vonseiten des Verbandes und der Musiker*innen – selbst, nachdem Frei.Wild mit dem „Echo" 2016 für das Album „Opposition" in der Kategorie „Rock/Alternative National" ausgezeichnet wurde.

Die „Sarrazinisierung", an die sich die Gesellschaft schleichend gewöhnt, macht vor der „Echo"-Preisverleihung keinen Halt. Sie ist längst im Popdiskurs angekommen (vgl. Freitag, 8.3.2013). Erst die Auszeichnung der beiden Rapper Farid Bang und Kollegah im April 2018, die mit antisemitischen Zeilen auf sich aufmerksam machten, führte eine tief greifende Debatte um die Preisverleihung herbei. Die „Politik des Unpolitischen" und die „Extremismus"-Distanzierungen von Frei.Wild wurden 2008 erheblich angekratzt: Zwar schrieben die Musiker im Sommer 2008, ihre Band sei „frei von politischen Einflüssen und wird auch in Zukunft keine politische Richtung unterstützen" (Kuban, 22.2.2012). Jedoch kündigte Frei.Wild wenige Monate später einen Auftritt bei der „Freiheitlichen Rocknacht" (27.9.2008) in der Südtiroler Kleinstadt Algund an.

Die Jugendorganisation der Südtiroler Partei Die Freiheitlichen war inmitten des laufenden Wahlkampfes der offizielle Veranstalter des Konzerts. Die Partei ist eine Art Schwesterpartei der Freiheitlichen Partei Österreichs (FPÖ). Im „10-Punkte-Programm“ (2008) forderte sie: „1. Südtirol zuerst! Einwanderung stoppen, Heimat schützen! Sofortige Ausweisung von ausländischen Straftätern und illegalen Zuwanderern! Vernünftige und ordentliche Einwanderungsregelung! 2. Europaregion Tirol! Aufrechterhaltung des ethnischen Proporzes! Stärkung der Tiroler Identität! […] 5. NEIN zum EU-Beitritt der Türkei! Schutz vor einer Islamisierung Südtirols und Europas! NEIN zu Moscheen! Erhalt der abendländischen Identität, welche das Fundament unserer Gesellschaft darstellt! […] 7. Förderung der traditionellen Familie und Verbesserung ihrer Lebensbedingungen! Geburtenförderung statt Zuwanderung!“ (vgl. Schulze/Weiss 2010: 14–15) Nachdem das Management und der offizielle Fanclub Frei.Wild Supporters Club die Band reichlich unter Druck gesetzt und die Debatte mediale Aufmerksamkeit erhalten hatte, distanzierte sie sich von der Ankündigung und sagte ihr Konzert am Ende ab. Dennoch trennten sich Manager und Plattenfirma von Frei.Wild. Im Verlauf der Empörung über die Parteinahme der Musiker wurde bekannt, dass Frei.Wild-Sänger Philipp Burger auf dem 1. Eisacktaler Bezirksparteitag (13.7.2008) zum Vorstandsmitglied der Partei „Die Freiheitlichen“ gewählt wurde. Im Oktober 2008 trat Burger aus der Partei aus, um den Imageschaden für die Band zu begrenzen (vgl. Schiedel 2013).

Ein Jahr später geriet Burger erneut in Kritik und warf durch seine Äußerungen in einem Video-Interview die Frage auf, wie glaubhaft die Distanzierungen der Band sind: „In Südtirol gibt’s nun mal Skins [hier: Neonazis, TB], die auch das Recht haben, auf Konzerte zu gehen. Solange sich die Leute benehmen, bin ich sicher der Letzte, der sagt: ‚Du darfst nicht reinkommen.‘ Warum? Mit welchem Recht? Nur, weil er anders denkt, weil er was anderes wählt?‘“ (vgl. Kuban 2012: 296) Das ist damals sein Verständnis davon gewesen, wie mit Neonazis auf Frei.Wild-Konzerten umgegangen werden sollte. Trotz alledem bleibt Jahre später festzustellen: Bei Konzerten diverse Eingangskontrollen durchzuführen, um Fans mit „extremistischen“ Shirts und Tattoos den Zugang zu verwehren, und bei öffentlichen Statements eine Person of Color an die Seite der Musiker zu stellen, reicht offensichtlich aus, um sich glaubwürdig gegen rechtes Gedankengut auszusprechen.

Frei.Wild behauptet, sie wendeten sich gegen Rassismus und „Extremismus“, deshalb könnten sie weder rassistisch noch „extremistisch“ sein. Das ist die Logik, mit der die Band in ihren Videos und Liedtexten, Statements und Kampagnen erfolgreich ist, und das sind die Worte, mit denen viele Frei.Wild-Fans auf Kritik reagieren. Die Distanzierungen sind ein Totschlagargument, das eine sachliche Debatte über die Inhalte und Botschaften enorm erschwert und häufig verunmöglicht.

Die „neuen“ Juden? NS-Vergleiche und „Lügenpresse“-Mentalität

Frei.Wild definiert Identität nicht ausschließlich über Geburt und Herkunft. Das Identitätsangebot, das die Band ihren Fans macht, definiert sich im Wesentlichen über Freund und Feind, über Gut und Böse. Die Feindbilder, die Frei.Wild in ihren Liedtexten und Interviews, Videos und Statements zur Schau stellen, sind diejenigen, die das Heimatverständnis der Musiker kritisieren. Das sind vor allem Journalist*innen, die sich in Büchern und Artikeln über deren Positionen äußern. Neben der Presse wenden sie sich gegen Parteien, Bands und linke Aktivist*innen, die sich um Aufklärung bemühen, vor den Inhalten und Botschaften der Band warnen und sich gegen Frei.Wild-Konzerte in städtischen Arenen und Hallen einsetzen. Die Musiker sind überzeugt, dass der „linke Mainstream“ bereits ein „schönes Gefühl in Bezug auf seine Heimat als Nazischandtat diffamiert“ (Frei.Wild, 14.1.2014).

Die präzise Betrachtung der Feindbilder ist dringend notwendig, um das Heimatverständnis der Südtiroler verstehen zu können. Das Lied „Gutmenschen und Moralapostel“, erstmals auf dem Studioalbum „Feinde deiner Feinde“ (2012) erschienen, ist eines der eindrücklichsten Beispiele für das Freund-Feind-Denken. Im Rückblick waren die Zeilen die Blaupause für die „Lügenpresse"-Mentalität, die sich wenige Jahre später auf den Straßen deutscher Städte breitmachte. Der Refrain zeigt das Ausmaß der Verachtung gegenüber unabhängigen Journalist*innen: „Ich scheiß auf Gutmenschen, Moralapostel, / selbsternannt, political correct, / der die Schwachen in die Ecke stellt / und dem Rest die Ärsche leckt. / Ich scheiß auf Gutmenschen, Moralapostel, / selbsternannt, sie haben immer Recht. / Die Übermenschen des Jahrtausends / – ich hasse sie wie die Pest."[66] Wer sind die „Gutmenschen und Moralapostel"? Eine Betrachtung des gesamten Textes lässt nur eine sinnige Deutung zu: Journalist*innen schürten „nur Hass", in ihren Artikeln würden sie „nur richten", „ermahnen" und den Ruf der Musiker „beschmutzen". Was sie erfreue, sei „Menschenhass". Im Lied wird Journalist*innen unterstellt, sie fänden die Wahrheit „beschissen" – weshalb sie am liebsten selbst festlegen würden, „was gut, was böse ist". Das Lied mündet in die Aussage: „Sie richten über Menschen, ganze Völker sollen sich hassen, / nur um Geschichte, die noch Kohle bringt, ja nicht ruhen zu lassen." Eine naheliegende Deutung dieser Zeilen ist, Journalist*innen wollten mit der Aufklärung über die Verbrechen des NS-Regimes einzig Geld verdienen.

Das Feindbild „Medien", das bereits in den Liedtexten der Böhsen Onkelz eine gewichtige Rolle spielte, entzündet sich zwischen Wahrheit und Lüge. So wandten sich die Musiker im Lied „Keine Amnestie für MTV" deutlich gegen die mediale Berichterstattung: „Ich scheiß auf MTV / und auf die andern Sender auch. / […] / Ich zeigte euch die Wahrheit, / doch die Wahrheit macht euch Angst. / Angst vor der eigenen Courage? / Oder einfach Arroganz? / […] / Wir können es uns leisten, / euch als Feinde zu haben."[67] Das Lied unterstellt Sendern wie MTV, sie würden lügen – schließlich seien sie „auf der Suche nach Geld" und daher „feige und bestechlich". Der Bassist Stephan Weidner schrieb das Lied anlässlich einer Sondersendung

„MTV Masters“ über Böhse Onkelz, in der kritisch – nach Ansicht der Musiker: voller Lügen – über sie berichtet wurde.

Die Frage, wer lüge und wer die „Wahrheit“ spreche, ist in den Zeilen von Böhse Onkelz ein häufiges Thema. So singt die Band im Lied „Nr. 1“, das auf demselben Album erschien: „Und wie du weißt, / lügst du erbärmlich. / Weißt du, was das heißt? / Nr. 1 / Du bist meine Nr. 1! / Nr. 1 / Auf meiner Hassliste ganz oben!“[68]

In den Liedtexten von Frei.Wild wurde besonders der Undercover-Journalist Thomas Kuban zur Zielscheibe. Kuban besuchte innerhalb von etwa zehn Jahren knapp 50 Rechtsrock-Konzerte, darunter etwa 30 geheim organisierte, und machte heimliche Film- und Tonaufnahmen. Aus den Aufnahmen entstand der Dokumentarfilm „Blut muss fließen – Undercover unter Nazis“. Die Kritik, die Kuban übte, beschränkte sich keineswegs auf die Rechtsrock-Szene: In der ARD-Sendung „Günther Jauch“ erklärte er, Frei.Wild habe „seit Jahren nationalistische, völkische Texte“ und bewege sich in „Rechtsrock-Gefilden“ (vgl. Lobis, 28.10.2012). Kuban warf der Band vor, sie verbreite Nationalismus und schüre „Hass gegen Andersdenkende“ (Riek/Zimmermann, 28.10.2012). Die Band bezeichnete Kuban, der aufgrund seiner Undercover-Recherchen in der Neonazi-Szene mit Pseudonym und Verkleidung auftreten musste, daraufhin in den sozialen Netzwerken als eine Person, die „weder die Größe hat, sein Gesicht zu zeigen, noch seinen richtigen Namen zu nennen“. Mit den Äußerungen verspotteten sie ihn und seine gefährliche Undercover-Arbeit in der Rechtsrock-Szene.

Mit dem Lied „Schlagzeile groß, Hirn zu klein“, das auf der Gold-Edition des Albums „Feinde deiner Feinde“ erschien, verschärfte sie die Anschuldigungen gegen Journalist*innen erheblich. Das Lied ist an alle Journalist*innen gerichtet, die kritisch über die Band berichteten; sie seien allesamt „fehlerfreie Besserwisser“ und „ewige Ankläger“. Die Liste der Vorwürfe ist lang. Es heißt, sie würden aus Geldgier über Frei.Wild berichten und die Wahrheit über die Musiker leugnen, sie würden für ihre Artikel nicht recherchieren und die Meinungsfreiheit missachten:

„Sofort verurteilen, gar nicht fragen. / Für die Quote gegen Absatzschwäche / scheißt ihr auf die Wahrheit und auf Grundgesetze. / Euer Lügen, euer Hassen / sind der Antrieb, weiterzumachen. / Wie beschissen muss das sein? / Schlagzeile groß, Hirn zu klein!“[69]

Jedoch verbirgt sich hinter ihrer Feindschaft gegenüber Kuban & Co. eine verschwörungsideologische Komponente. Das beweist das Lied „Zeig große Eier und ihnen den Arsch!!!“: „Manipuliert, regiert von vielen Schreibernarren, / mit blutroter Tinte lenken sie hier den Karren. / Und auch ein grüner Käse überschwemmt das Land, / erstickt die Stimme aus der Mitte. / Denn was nicht links ist, das ist rechts, habt ihr es erkannt?“[70] Die politische Ausrichtung der Journalist*innen wird mit den Farben „rot“ und „grün“ verbunden. Sie deuten den angeblich vorherrschenden „linken Mainstream“ an. Die Musiker sind überzeugt, der „linke Mainstream“ regiere, würde „Meinungen diktieren“ und abweichenden Meinungen einen „Maulkorb“ verpassen. Dazu äußerte sich Burger wie folgt: „Da bedarf es keines Wissens, auch nicht eines face-to-face Gespräches, der Ausgang des Artikels ist von vorneherein klar. Draufhauen, ohne zu wissen, was dahintersteckt. Der Auflage und der Quote nützt es allemal. Kopieren, einfügen, lesen, nachsprechen, verfälschen … und das Rad dreht sich weiter.“ (Frei.Wild, 10.5.2012)

Seine Südtiroler Kollegen Unantastbar gehen einen Schritt weiter und drohen allen „Lügnern“ mit einem „Kreuzzug“, in dem es ihnen „an den Kragen“ gehen soll: „Auf dem Kreuzzug gegen alle Lügner, / gegen die Intrigen, / – ja, wir werden siegen. / Auf dem Kreuzzug kämpfen wir mit den Gitarren in der Hand / und erobern von hier aus einfach jedes Land. / Arschkriecher, Besserwisser, uns kriegt ihr nicht klein. / Wir wachsen weiter und mit uns unser Hass / – und wenn es so weit ist, dann geht's dir an den Kragen!“[71]

In den folgenden Monaten baute Frei.Wild ihren Kampf gegen die mediale Berichterstattung aus und startete Anfang 2013 ihre mittlerweile beendete Online-Kampagne „Die Macht der Medien". Für die Inhalte der Website waren der Frei.Wild-Gitarrist Jonas Notdurfter und Stefan Harder, die beiden Geschäftsführer der „Frei.Wild Schallplatten GmbH", verantwortlich. Sie wollten die angebliche „Flut an Falschunterstellungen" nicht unkommentiert stehenlassen, schließlich würden die Berichte „schlicht und einfach nicht der Wahrheit entsprechen". Daher sollte die Kampagne den vermeintlichen Einfluss der Medien auf die Frei.Wild-Debatte dokumentieren.

Das Prinzip der Kampagne war schlicht, auf der Website wurden journalistische Artikel selektiert: „Wahrheit zählt" oder „Schlagzeile zählt"? Die Namen der Journalist*innen wurde explizit genannt, gelegentlich wurden die „größten Falschaussagen" kommentiert. Nach eigenem Bekunden diente die Kampagne „allein aufklärerischen Zwecken". Mit ihrer Online-Kampagne wollten sie einen kleinen Beitrag leisten, damit Journalist*innen künftig die „Grundsätze einer fairen, objektiven und wahrheitsfindenden Berichterstattung" einhielten. Die Kampagne steht sinnbildlich für das Freund-Feind-Denken der Band: Welche Artikel sind freundlich, welche feindlich gesinnt? Kritische Beiträge landeten meist in der Kategorie „Schlagzeile zählt", die suggeriert, der eigene Profit stünde über der faktenbasierten Recherche. Nicht die „Wahrheit", sondern das Geld zähle. Damit wirft sie Journalist*innen die bewusste Lüge vor. Auf diese Weise verunmöglichte die Band eine ergebnisoffene, faire Debatte über ihre Inhalte. Die Online-Kampagne sollte das Bild verstärken, Parteien und Vereine, Journalist*innen und Aktivist*innen hätten sich Frei.Wild gezielt ausgesucht, um sie buchstäblich zu ruinieren. Für sie sei Frei.Wild das „Feindbild Nr. 1" und die Musiker seien das „Opfer von Hetzkampagnen des linken Mainstreams" (Uthoff, 2.11.2012).

Das ist der wiederkehrende Opfermythos, der sich in unzähligen Liedtexten findet: „Kein leichter Weg, den wir begehen. / Werden ihn auch weiterhin gerade gehen. / Das ist das Leben, das wir so lieben. / Eure Intrigen können uns nicht verbiegen. / Schranken können uns nicht stoppen / – auch nicht

Rufmord und Schikane.“[72] Im Lied „Unser Wille, unser Weg“ wird beschrieben, wie sie und ihre Fans in die Lage des Opfers geraten seien. Schuld seien ihre Feinde, die Gründe seien demnach „Intrigen, „Rufmord und Schikane“. Im Anschluss wird erklärt, wie hart der Weg unter diesen Bedingungen sei. Schließlich wird ihre Überzeugung besungen, dass sie irgendwann die gemeinsame Opferrolle überwinden und den „Sieg“ erringen. Welche Auswüchse der Opfermythos annehmen kann, zeigt ein weiteres Lied besonders drastisch.

Das Lied „Wir reiten in den Untergang“ beginnt ähnlich und vergleichsweise harmlos: „Und schreit dann einer ‚Feuer frei‘, / wird durchgeladen und geschossen / und erst gar nicht hinterfragt: / Was hat der überhaupt verbrochen? / Wenn die Masse das so meint, dann sind wir alle schnell dabei. / Dann ist das Frei.Wild und von vorn herein / immer vogelfrei.“[73] Allerdings mündet das Lied rasch in einen makabren, geschmacklosen Vergleich: Die eigens konstruierte Verfolgung durch die deutschsprachige Medienlandschaft wird mit der industriell ausgeführten Ermordung der jüdischen Bevölkerung durch das NS-Regime gleichgesetzt. Das ist eine Verharmlosung der Shoah und eine Verhöhnung der Betroffenen: „Nichts als Richter, nichts als Henker, / keine Gnade und im Zweifel nicht für dich. / Heut gibt’s den Stempel, keinen Stern mehr / und schon wieder lernten sie es nicht.“ Der „Stern“ wurde durch den „Stempel“ ausgetauscht? Der sogenannte „Judenstern“, eingeführt vom NS-Regime, war ein Zwangskennzeichen für Menschen, die nach den sogenannten „Nürnberger Gesetzen“ (1935) rechtlich als „Juden“ galten. Er machte sichtbar, wer entrechtet, verfolgt und ermordet werden sollte. Frei.Wild vergleicht die damalige Verfolgung, die den Menschen mit diesem Stern drohte, mit ihrer angeblich eigenen Verfolgung. Der historische Vergleich bleibt keine Ausnahme. Die Musiker verteidigen diese Zeilen, sie sollten „auf provokative und auch bestimmt übertriebene Art und Weise […] wachrütteln und zeigen, wie schnell sich die Geschichte wiederholen“ könne (Frei.Wild, 14.3.2013).

In diversen Statements wiederholen sie den Inhalt der Zeilen: „Die Band trägt diesen Stempel und diesen mag man nicht. Wer der Träger ist, tut nichts zur Sache. Eine solche Haltung repräsentiert ein Denken und Handeln, das es schon einmal gab und das kein Mensch mehr haben will." (Frei.Wild, 14.3.2013) Die Südtiroler vergleichen ihre angebliche Verfolgung mit der tatsächlichen Verfolgung der Jüdinnen und Juden im Nationalsozialismus. Die mit Frei.Wild befreundete Deutschrock-Band Unantastbar findet ähnliche Formulierungen. Im 2016 veröffentlichten Lied „Ihr könnt mich alle mal" wird die Neonazi-Vergangenheit des Sängers Joachim Bergmeister besungen. Bergmeister spielte von 2000 bis 2001 mit Burger in der Rechtsrock-Band Kaiserjäger. Sie nahmen in dieser Zeit eine Demo-CD auf, die rassistische und völkisch-nationalistische Liedtexte enthält. Bergmeister sieht in den Berichten über seine neonazistische Vergangenheit reichlich „Hetze" und „Terror": „Sie predigen Verständnis und sind selbst nicht tolerant. / Schon für die kleinste Kritik wirst du verurteilt und verbannt. / Ist das wirklich Meinungsfreiheit oder Meinungsdiktatur? / Freie Presse – Fehlanzeige –, nichts als Lüge und Zensur. / [...] / Denn all die Hetze und der Terror gegen mich, / all der Hass und die Intrigen, ja, die sprechen ganz für sich, / denn das hatten wir schon mal und das Ende ist bekannt."[74] Sowohl Frei.Wild als auch Unantastbar behaupten, die düstere Geschichte der Shoah wiederhole sich. Nachdem in den 1930er- und 1940er-Jahren die jüdische Bevölkerung verfolgt worden ist, würden sie heutzutage verfolgt. Frühere Lieder wie „Aus dem Nebel"[75], in denen der Unantastbar-Sänger seine Vergangenheit verarbeitet, klangen hingegen vergleichsweise einsichtig.

Opfermythos und „Nazi-Keule" als simple Marketingstrategie

Frei.Wild stilisiert sich als „Opfer einer Hexenjagd durch die Medien" (Rietzschel, 8.3.2013), weil die Band nach eigener Überzeugung „unangenehme Wahrheiten" ausspreche, die andere am liebsten verschweigen würden. Diese Wahrheiten beziehen sich insbesondere auf das Heimatverständnis der Musiker. Um die Beliebtheit der Musiker bei Jugendlichen verstehen zu können, ist dieses Image ausgesprochen wichtig. Die einen sprechen „unangenehme Wahrheiten“ aus, die anderen sind geldgierig, lügen und hetzen gegen sie. Die Band schreibt, sie spreche eine „sehr direkte Sprache“, das „Unverfälschte“ begeistere ihre Fans. Bereits Böhse Onkelz teilten die Auffassung, sie hätten den Mut, Wahrheiten auszusprechen, die sich außer ihnen niemand auszusprechen traut. Entsprechend klingen ihre Liedtexte, wie das 1996 veröffentlichte Lied „Danket dem Herrn“ belegt: „Eure Stimme aus der Gosse, / der wandelnde Wahnsinn / mit Worten wie Geschosse. / Wir bringen's auf den Punkt, / sagen, was sich keiner traut, / gegen alle Regeln. / Es wird Zeit, dass ihr das glaubt. / Wir sind der Stachel / im Arsch der Nation, / glorreiche Halunken, / nichts bleibt von uns verschont.“[76] Über das Lied schreibt die Band auf ihrer Website, Böhse Onkelz-Sänger Kevin Russell werde zur „Stimme des ‚kleinen Mannes‘, der ‚Ausgestoßenen‘ und ‚zu kurz Gekommenen‘“. Das „Treffen auf einer Augenhöhe“ fuße auf gleichen frühkindlichen und jugendlichen Erfahrungen.

Das durch Böhse Onkelz geprägte Selbstverständnis, die mutige, unermüdliche und nonkonforme Stimme derjenigen Menschen zu sein, die nicht gehört werden und sich nicht trauen, die „Wahrheit“ auszusprechen, prägt heutzutage den Neuen Deutschrock um Bands wie Frei.Wild. Die Südtiroler jedoch laden das Underdog-Image stets politisch auf. So sei das Instrument der Journalist*innen, die kritisch über Frei.Wild und deren Botschaften schreiben, die sogenannte „Nazi-Keule“. Ein Schlag mit der Keule bedeutet, jeder positive Bezug auf Heimat sei sogleich „rechtsextrem“ und werde sofort in einen entsprechenden Zusammenhang gerückt. Journalist*innen, die in ihren Büchern und Artikeln mit der „Nazi-Keule“ schwängen, richteten sich nicht nur gegen Frei.Wild, sondern gegen alle Menschen mit einem „gesunden Patriotismus“.

Das Lied „Zeig große Eier und ihnen den Arsch!!!“ widmet sich dem angeblichen Tabu: „Und fragt dich wer, ob du hier glücklich bist, / dann sag schnell nein, denn das darf man nicht. / Hier schämt man sich, und das ein Leben lang, / denn wo der Selbsthass aufhört, fängt der Weltkrieg an."[77] Heimatliebe werde tabuisiert, weil sich Journalist*innen in ihren Beiträgen für ihre Herkunft schämten. Wirft man einen genauen Blick auf die angebliche Tabuisierung, stellt man fest, dass sie anders funktioniert. Indem Frei.Wild behauptet, Heimatliebe sei ein Tabu, und zudem behauptet, die Band und ihre Fans würden allesamt als „rechtsextrem" bezeichnet, schnitzt sich die Band ihre „Nazi-Keule" selbst. Das mündet häufig in Äußerungen, wie sie die Band beispielsweise 2014 machte: „Wer die Band und vor allem deren Fans in die extremistische Ecke schiebt oder gar als Nationalsozialisten und Vergleichbares betitelt, der hat von der Materie absolut keine Ahnung und wirft über Deutschland ein sehr braunes Bild." (Frei.Wild, 2.1.2014) Jedoch behauptete bisher niemand, dass sie Neonazis sind und die Schreckensherrschaft des NS-Regimes gutheißen. Der Opfermythos ist Teil ihrer Marketingstrategie, die ihnen über die Jahre hinweg finanziellen Reichtum bescherte.

Keine Neonazis und kein Rechtsrock, aber Anschlussfähigkeit an Neue und extreme Rechte

Die Inhalte und Botschaften von Frei.Wild werden bis heute oftmals unterschätzt. Natürlich sind die Südtiroler keine Neonazis und deren Band keine Rechtsrock-Band. Aber die Art und Weise, wie sich die Musiker in ihren Liedtexten mit Identität, Heimat und Volk beschäftigen, ist für die extreme Rechte anschlussfähig (vgl. Hindrichs 2014: 175). Denn das Heimatverständnis wird mit der Verachtung derjenigen verknüpft, die die Band und dessen Heimatverständnis kritisieren. Wenn Klaus Farin in der Band einen „Seismograph einer im Umbruch befindlichen Gesellschaft" (Farin 2015: 169) sieht, verharmlost und unterschätzt er die tatsächliche Entwicklung. Schließlich steht sie für den erheblichen Rechtsruck, der sich seit Jahren auf den Straßen und in den Parlamenten vollzieht. Der bahnbrechende Erfolg des Südtiroler Quartetts zeigt, wie sehr sich der Rechtsruck in der Musikbranche etabliert hat.

In der Tat ist die Band mitverantwortlich, dass Nationalismus bei Jugendlichen und jungen Erwachsenen gesellschaftsfähig wird. Indem die Musiker ihre Botschaften mit dem Etikett eines „gesunden Patriotismus" versehen, werden ihre völkisch-nationalistischen Zeilen zügig zur Normalität erklärt. Bereits vor dem Einzug der AfD in die Parlamente und dem damit einhergehenden Rechtsruck in der Bundesrepublik erkannte dies der bayerische Neonazi Patrick Schröder. Er ist der Betreiber des NPD-nahen Labels „FSN" (= „frei, sozial, national") und Geschäftsführer der Neonazi-Modemarke „Ansgar Aryan". Seit Jahren setzt er sich für die Vernetzung der politischen Rechten von AfD bis NPD ein und propagiert eine umfassende Modernisierung der extremen Rechten in Deutschland. Er bezeichnete das Studioalbum „Feinde deiner Feinde" im Rahmen seiner wöchentlichen „FSN"-Sendung vom 12. Oktober 2012 als „überragend", schließlich befinde sich die Band aufgrund des öffentlichen Drucks nicht „100 Prozent bei uns auf Linie, aber immerhin 80 Prozent und sie geben 30 Prozent davon zu" (vgl. Riek/Zimmermann, 28.10.2012). Sein Urteil lautete bereits damals: „Wir haben die Möglichkeit, in extremem Maße von der Band zu profitieren." (vgl. Benneckenstein, 16.10.2012) Die Neonazi-Szene, aber auch Funktionär*innen von AfD und Identitären können sich freuen, dass eine Band, die sich ein unpolitisches Image verleiht, über Jahrzehnte hinweg ein gesellschaftliches Klima unter Jugendlichen schafft, in dem Heimat mit der Vorstellung eines ethnisch homogenen Volkes verbunden wird.

6. Heimat, das Zuhause

Dass Heimat eine Herausforderung ist und der Begriff alles andere als harmlos sein kann, zeigt die parteipolitische Heimatdebatte, die in den letzten Jahren durch das Erstarken rechter Kräfte aufgekommen ist. Allzu häufig wird Heimat für die eigene politische Agenda instrumentalisiert, um gegen Migrant*innen und Geflüchtete Stimmung zu machen und damit rechte Wähler*innen zu befriedigen. Heimat ist auch deshalb alles andere als harmlos, weil der Begriff bis heute historisch belastet ist. Der *exklusive* Erzählstrang, der Heimat von Herkunft und religiöser Zugehörigkeit abhängig macht, trägt die völkische Ideologie eines ethnisch homogenen Volkes ins 21. Jahrhundert. Das völkische Heimat- und Volksverständnis, das die Völkische Bewegung im frühen 20. Jahrhundert prägte und der NS-Ideologie einen fruchtbaren Boden bereitete, erlebt gegenwärtig in der politischen Rechten eine Furcht erregende Renaissance. Die politische Rechte instrumentalisiert Heimat zur Unterscheidung zwischen Autochthonen und allen, die durch ihre Herkunft, Religion etc. den Fortbestand des Volkes gefährden würden. Damit steht sie ohne Zweifel in völkischer Tradition; die Blut-und-Boden-Ideologie lebt fort.

In der rechten Musik zeigt sich das Fortleben völkischer Tradition besonders anschaulich. In verschiedenen Spektren der rechten Musik lässt sich diese Entwicklung beobachten. In den Liedtexten von Frei.Wild, der neurechten Rapper Komplott und Chris Ares sowie des Neonazi-Liedermachers Frank Rennicke ist Heimat stets eine nationale Frage. Frank Rennicke besingt Großdeutschland, Komplott rappt über Deutschland und Frei.Wild verklärt die Geschichte Tirols. Der Antagonismus zwischen „Wir“ und den „Anderen“, welche die ethnische Homogenität des deutschen bzw. Tiroler Volkes in seiner Existenz bedrohten, zieht sich durch eine Vielzahl an Liedtexten rechter Musik. Das Bedrohungsszenario („Volkstod“) ist der Grundbaustein dieses Gegensatzes. Der Kampf um die Deutungshoheit des Heimatbegriffs, den die politische Rechte durch das gezielte Instrumentalisieren des Begriffs führt, ist der Versuch, völkisches Gedankengut in der Mitte der Gesellschaft zu etablieren. Die Behauptung, Heimat könne lediglich national gedacht werden, ist falsch. Denn in der heutigen Gesellschaft spielt der *inklusive* Erzählstrang des Heimatbegriffs eine wesentliche Rolle. Unter Heimat verstehen viele Menschen ein persönliches Geborgenheitsempfinden in einer vertrauten Atmosphäre. Meint Heimat etwas Intimes und Privates, ist sie keine nationale Frage. Der *inklusive* Heimatbegriff meint „eine vom Nationalstaat emanzipierte Heimat" (Türcke 2015: 67). Er beschreibt das ganz persönliche Zuhause eines Menschen.

Für Mitmenschlichkeit und Solidarität

Zurück in die baden-württembergische Provinz. Diejenigen, die sich im Laufe der vergangenen Jahre um die Pflege der dörflichen „Heimatstube" gekümmert haben, stimmen ein Stück weit hoffnungsvoll. Schließlich kümmern sie sich gleichzeitig liebevoll um die Unterbringung von Geflüchteten in der Gemeinde, die ihr Zuhause in Afghanistan, Somalia und Pakistan verließen und in Deutschland Asyl suchen. Sie sammeln nötige Kleidung, begleiten sie beim wöchentlichen Einkauf und unterstützen sie bei der Arbeitssuche. Gemeinsam versuchen sie, geflüchteten Menschen ein vertrautes und sicheres Umfeld zu schaffen, damit sie ankommen und sich vor Ort wohlfühlen können. Die herzliche Fürsorge gibt sowohl denjenigen, die helfen, als auch denjenigen, denen geholfen wird, Kraft und Hoffnung. Durch das mitmenschliche Engagement sind sie im Kleinen ein Beweis dafür, dass sich gelebte Solidarität mit Geflüchteten und ein Bewusstsein für Heimat keineswegs ausschließen. Die helfenden Hände sind Vorbilder. In kalten Zeiten verteidigen sie die Werte einer humanen und offenen Gesellschaft. Die Vorstellung, dass reaktionäre Kräfte die Gestaltung der „Heimatstube" und die Deutung der Geschichte des Dorfes übernehmen, ist verheerend. Heimattümelei und eine „Früher-war-alles-besser"-Mentalität wären die Folge.

Mit Blick in die nahe Zukunft müssen probate Mittel und Wege gefunden werden, um insbesondere jungen Menschen ein positives Menschenbild und positive Werte nahezubringen. Der Rechtsruck in Gesellschaft und Politik erfordert Engagement für Mitmenschlichkeit und Solidarität, für Demokratie und Offenheit. In diesem Zusammenhang schlug die Journalistin Ferda Ataman ein positives Heimatverständnis vor: „*Deutschland ist die Heimat der Erinnerungskultur!* Wir werden nicht aufhören, uns gegen Antisemitismus und andere Formen der Menschenverachtung stark zu machen! *Deutschland ist die Heimat der Weltoffenheit!* Wir sind seit Jahrhunderten ein Ein- und Auswanderungsland. Wir haben viel Erfahrung – auch negative – mit dem Zusammenleben von Menschen verschiedener Herkunft und Religion gemacht und daraus viel gelernt. *Deutschland ist die Heimat der Religionsfreiheit!* Wir haben Regeln, die es Menschen erlauben, sich mit ihrer Religion und Weltanschauung frei zu entfalten. Jede*r nach seine*r Facon." (Ataman 2019: 194) Ein *inklusives* Heimatverständnis, das allen Menschen unabhängig von Herkunft und religiöser Zugehörigkeit ermöglicht, sich in Deutschland „heimisch" fühlen und eine „Heimat" finden zu können, muss in der Schule, zu Hause und im Jugendraum gelebt werden. Gerade in der Provinz ist das eine tagtägliche Herausforderung.

Gegen Neonazis und „national befreite Zonen"

In der nordostdeutschen Provinz. Die Herausforderungen, die das Leben in ländlichen Strukturen mit sich bringt, vertont die Punkband Feine Sahne Fischfilet aus Mecklenburg-Vorpommern bereits seit Jahren. Ein Thema ist die Vereinsamung und Perspektivlosigkeit, die viele junge Menschen in die Städte zieht: „Meine ganze Generation, / jeder hier kennt die Frage schon, / in Dauerschleife diese Zeilen: / Gehen oder Bleiben? / Ein viel zu tiefer Sumpf, / Bekanntenkreis wächst, Freundeskreis schrumpft / […] / Alle um mich herum / ziehen weiter um. / Ich krieg' hier langsam Angst, allein zu sein. / Ich kann euch gut versteh'n. / Habt ihr Angst vor'm In-die-Zukunft-Sehen?"[78]. Auf dem 2018 veröffentlichten Album „Sturm & Dreck" heißt es: „Überall steht ‚zu vermieten' drauf, / gegenüber macht 'ne Spielo auf". Aber Sänger Jan Monchi Gorkow ergänzt: „Ich lieb die Ruhe und wenn's knallt. / Sollt' ich alt werden, werde ich hier alt. / Mein Zuhause ist der Strand, / denn dort hab ich keinen Empfang."[79] In zahlreichen Liedtexten der Band spielen der Alltag und das Leben in der Provinz eine tragende Rolle. Heimat verbinden die Musiker mit antifaschistischen und antirassistischen Botschaften. Ein wiederkehrendes Thema ist die alltägliche Konfrontation mit Neonazis, die in Dörfern und Kleinstädten „national befreite Zonen" ausrufen und am Rande von Dorffesten gegen Andersdenkende und Migrant*innen hetzen („Dorffeste im Herbst"[80]). Nach der Veröffentlichung des neuesten Studioalbums fragte *Die Zeit* nicht umsonst: „Wie klingt linke Heimatmusik?" Die Band ist derzeit wohl das eindrücklichste Beispiel für ein *inklusives* Heimatverständnis. Es verspricht Menschen, die sich in unterschiedlichsten Lebenslagen befinden, ein Zuhause – unabhängig von Herkunft, religiöser Zugehörigkeit, politischer Orientierung, sexueller Identität.

Sich einmischen und laut werden

Der mehrfach ausgezeichnete Dokufilm „Wildes Herz", der im Oktober 2017 seine Uraufführung in Leipzig feierte und ab April 2018 bundesweit in den Kinos lief, erzählt den umtriebigen Werdegang der Band. Der Schauspieler Charly Hübner begleitete sie über Jahre hinweg. Im Mittelpunkt des Films steht die Geschichte des Sängers: Die Eltern sprechen über seine Kindheit und seinen Charakter, sie und seine frühere Grundschullehrerin erzählen Anekdoten aus der Schulzeit eines scheinbar streitsüchtigen, aber stets offenen und wissbegierigen Jungen. Er selbst spricht über seine Jugend, seine zwischenzeitliche Treue zur Ultraszene des Rostocker Fußballvereins und über die endlosen Provokationen gegenüber seinen Eltern. Einige Jahre später, im Lied „Niemand wie ihr", singt er über seine Eltern: „Sollte ich mal Kinder haben, / will ich so sein wie ihr. / Ich find's scheiße, was du machst, / aber ich steh zu dir!"[81] Über die rechtsoffene Haltung in seiner Jugend äußert sich Gorkow selbstkritisch: „Ich hatte kein Problem, mit 13, 14 Landser zu hören [...]" Die Rechtsrock-Band Landser, bereits 2003 wegen „Bildung einer kriminellen Vereinigung" verboten, ist bis heute in der Neonazi-Szene eine Kultband.

Die Sozialisation durch neonazistische Musik, die viele Jugendliche und junge Erwachsene gerade in ländlichen Strukturen erfahren, ist ein über Jahrzehnte anhaltendes Problem. Es grassiert im Norden und Süden, Osten und Westen der Bundesrepublik gleichermaßen. „In der Bushaltestellenleere der nordostdeutschen Provinz" sei sie, so Gorkow, ein „unhinterfragtes Bildungserlebnis" (vgl. Dell, 12.4.2018).

Die sechs Musiker der Band, die allesamt in Dörfern und Kleinstädten Vorpommerns aufgewachsen sind, gründeten Feine Sahne Fischfilet zu Schulzeiten. Ihre schrittweise Politisierung erlebten sie erst mit der Musik. Im Film erzählen sie am Lagerfeuer sitzend über die ersten Begegnungen mit Neonazis, die vor den Schulen für den Kampf um „national befreite Zonen" warben. In den ersten Jahren der Bandgeschichte besuchten Neonazis ihre Konzerte und fanden sich stellenweise in den Liedtexten wieder – weshalb sich Gorkow & Co. zunehmend gegen sie positionierten. Die klare Kante gegen rechts gehört ohne Zweifel zur DNA der Band; sie ist fester Bestandteil des Selbstverständnisses, das die Musiker in ihren Liedtexten und auf der Bühne verkörpern. Sich einmischen, laut werden und – wenn's brennt – sich den Neonazis in den Weg stellen. Schließlich seien Staat und Polizei im Kampf gegen Neonazis keine verlässlichen Partner. Das müsse eine Lehre aus der Geschichte des rassistischen Pogroms in Rostock-Lichtenhagen zu Beginn der 1990er-Jahre sein, mahnte Gorkow am Rande eines Protests gegen das alljährlich stattfindende Gedenken der Neonazi-Szene im vorpommerschen Demmin zum Ende des Zweiten Weltkrieges.

Die Kritik an staatlichen Einrichtungen und das antifaschistische Bekenntnis hatten Folgen: Im Jahr 2011 wurde Feine Sahne Fischfilet wegen einer „explizit anti-staatlichen Haltung“ erstmals im Verfassungsschutzbericht des Landes Mecklenburg-Vorpommerns erwähnt. Innenminister Lorenz Caffier erklärte, die Band sei „linksextremistisch“. Der Rechtsanwalt der Musiker hingegen betont: Eine bloße Kritik an staatlichen Einrichtungen sei legitim, solange die Musiker Grundrechte wie Menschenwürde achteten. Im Bericht wurden zwei Seiten über die „gefährlichste Band Vorpommerns“ geschrieben, nur ein Bruchteil dessen merkte der Inlandsgeheimdienst zu sämtlichen Rechtsrock-Bands aus Mecklenburg-Vorpommern an. Zwischen 2011 und 2014 tauchte die Band vier Mal in den Berichten auf. Für die erneute Erwähnung im Verfassungsschutzbericht 2012 bedankte sich Gorkow vor Ort und überreichte äußerst medienwirksam einen Präsentkorb samt Blumenstrauß. In dieser Zeit befand sich die Band „in aller Munde“ („Intro“). Die mediale Berichterstattung bedeutete massive Werbung für Feine Sahne Fischfilet. Bereits wenige Monate später betrat sie die ersten Festival-Bühnen. Seit 2015 wird sie nicht mehr im Bericht des Geheimdienstes genannt.

„Zuhause heißt, wenn dein Herz nicht mehr so schreit“

Im Vorfeld der Landtagswahlen in Mecklenburg-Vorpommern starteten die Musiker Mitte 2016 die #nochnichtkomplettimarsch-Kampagne. Das Motto: „Zusammenhalten gegen den Rechtsruck“. Das Ziel: Eine Reihe verschiedener Aktionen und Veranstaltungen in Dörfern und Kleinstädten sollte die lokale Bevölkerung gegen die erstarkende Rechtsbewegung mobilisieren. An zahlreichen Orten fanden mehrere Vorträge, Filmvorführungen sowie ein Fußballturnier mit Geflüchteten aus Parchim statt. In der Kleinstadt Anklam, in der Neonazi-Szene als „national befreite Zone“ bekannt, besuchten rund 2.000 Menschen ein von Campino (Die Toten Hosen) und Rapper Marteria unterstütztes Konzert von Feine Sahne Fischfilet. Zudem gaben sie am Vorabend der Wahlen ein Konzert in der „Motoball-Arena" in Jarmen vor über 2.000 Menschen. Zwar konnte der Einzug der AfD in den Schweriner Landtag nicht verhindert werden; sie erhielt 21 Prozent der Stimmen. Aber die Band sendete ein wichtiges Signal des gesellschaftlichen Zusammenhalts in die Bevölkerung. Viele, die zuvor stillhielten und schwiegen, wurden sensibilisiert und positionierten sich in der Debatte um Viel- statt Einfalt, Herz statt Hetze, Bleiberecht statt Abschiebung.

Das Engagement für ein solidarisches, friedliches Miteinander ohne AfD und Neonazis, welches sich die Band mit der Kampagne erhofft hatte, wurde vor Ort gestärkt. In der nordostdeutschen Provinz ist, so *Spiegel Online*, die Band längst „einer der wenigen prominenten Bezugspunkte" für Menschen geworden, „die ihr Seelenheil nicht im Hass suchen" (Dell, 12.4.2018). Das macht sie seit Anbeginn ihrer Geschichte zur Zielscheibe: Die Musiker werden beschimpft, bedroht und angegriffen. In der Vergangenheit wurden Buttersäure-Anschläge auf den Proberaum sowie auf mehrere Clubs verübt, in denen sie auftreten wollten. Aus Angst vor Überfällen sagten Veranstalter*innen immer wieder geplante Konzerte ab. Für die Musiker bleibt die Frage, „wie man sich dort noch zu Hause fühlen vermag, wo die Bedrohung zum Alltag geworden ist" (Balzer, 10.1.2018). Der Hass ist parlamentarisch verankert: Die AfD, nach den Landtagswahlen 2016 ist sie die zweitstärkste Fraktion im Schweriner Landtag, versucht, die vermeintlich „linksextremistische" Band durch Initiativen und Kleine Anfragen in den Fokus des politischen Tagesgeschehens zu rücken.

Ausgerechnet die AfD und Neonazis wenden sich gegen eine Band, die über ihr Zuhause in Mecklenburg-Vorpommern singt? An dieser Stelle trennt sich die Spreu vom Weizen: Das *exklusive*, völkische Heimatverständnis der Rechten trifft auf ein *inklusives*, vielfältiges. Während Rechte das Eigene gegen das „Fremde" verteidigen wollen, begreifen Bands wie Feine Sahne Fischfilet die Heimat als etwas, „dessen Schönheit man mit möglichst vielen verschiedenen Menschen teilen möchte" (vgl. Balzer, 10.1.2018). Kurzum: Die Musiker verkörpern eine „Heimat ohne Hass" (Dell, 12.4.2018). Dass die Bandmitglieder selbst den Begriff Heimat meiden und stattdessen von Zuhause sprechen, ist durch die historische Belastung des Begriffs durchaus nachvollziehbar; aber die Bedeutung der beiden Begriffe sind im Kern identisch.

Auf die Frage, was die Heimat der politischen Rechten auf der einen Seite und der Bandmitglieder auf der anderen Seite unterscheide, antwortete der Bassist Kai Irrgang im Vorfeld eines Konzerts: „Heimat ist ein komischer Begriff, den wir gar nicht so verwenden. Wir reden von Zuhause. Ich möchte gerne ein Zuhause, einen Ort, an dem sich auch andere Leute, die gerne da sein wollen, wohlfühlen. Eine Atmosphäre, in der sich alle Menschen wohlfühlen können, die Bock darauf haben. Das ist der große Unterschied. Die AfD und die CSU wollen das nicht. Die gönnen den Leuten, die gar nichts haben, nicht mal das Letzte, nur weil sie von irgendeiner Volksgemeinschaft schwadronieren, die in Gefahr ist." (vgl. Hufnagl 2018)

Wie vielfältig das intime Zuhause von Menschen sein kann, zeigt das Lied „Zuhause" besonders eindrucksvoll: „Zuhause heißt, / wenn dein Herz nicht mehr so schreit. / Zuhause heißt, / wenn die Angst der Freundschaft weicht. / Zuhause heißt, / wir schützen uns, alle sind gleich."[82] Im dazugehörigen Video kommen verschiedene Menschen zu Wort, die einen bewegenden Einblick in ihr persönliches Zuhause geben: Ein wohnungsloser Mensch; ein Mensch, der im Bauwagen wohnt; ein Mensch, der seit Jahren im Gefängnis sitzt und darin sein „Exil-Zuhause" sieht; ein Mensch aus Afghanistan, der fliehen musste und in Deutschland lebt; ein Mensch, dessen Wohnung von Immobilienunternehmen umworben und am Ende in Brand gesteckt wurde; zuletzt eine neunköpfige Familie, deren Wohnung überraschend gekündigt wurde und die auf der Suche nach einer neuen Bleibe ist. In Anbetracht dessen ist der letzte Vers des Liedes schlicht plausibel: „Vergesse nie, vergesse nie: / Jeder

Mensch braucht ein Zuhause!“ Ein Heimatverständnis, das von Kategorien wie Nation und Volk befreit ist und die Vision einer grenzenlosen Welt in sich trägt, thematisierte die Band bereits im Jahr 2010. Im Lied „Grenzen weg“, das sich mit Flucht und Vertreibung beschäftigt, heißt es: „Wie würdest du dich fühlen, / wenn du keine Heimat hast? / Mit Heimat meine ich keine Nation, / mit Heimat mein’ ich keinen Staat. / Mit Heimat meine ich Familie, Freunde, / wo man Zukunft sieht, / wo man sich wohlfühlt, / wo man lebt und wo man liebt“[83]. Es ist: Heimat, das Zuhause.

7. Anmerkungen

1 Komplott – „Europa“ (Album: „Bastion EP“, 2017)
2 Dissziplin – „Ich bin Deutschland“ (Album: „Platz an der Sonne“, 2009)
3 MaKss Damage – „Arabisches Geld“ (Album: „MaKssismus 2010“, 2010)
4 MaKss Damage – „Die Faust geht zum Kopf“ (Freetrack, 2011)
5 MaKss Damage – „Ich bin ein Rassist“ (Freetrack, 2016)
6 MaKss Damage – „Was ist passiert“ (Album: „Sturmzeichen“, 2011)
7 Komplott – „Gestern und Morgen“ (Album: „Bastion EP“, 2017)
8 Komplott feat. Chris Ares – „Gestern und Morgen“ (Album: „Bastion EP“, 2017)
9 Komplott feat. Chris Ares – „Speerspitze“ (Album: „Bastion EP“, 2017)
10 Komplott feat. Chris Ares – „Widerstand“ (Album: „Bastion EP“, 2017)
11 Chris Ares – „Invictus“ (Album: „Bastion EP“, 2017)
12 Chris Ares – „Genozid am Volk“ (Freetrack, 2019)
13 Chris Ares feat. Silas Ares – „Deutscher Patriot“ (Album: „Bastion EP“, 2017)
14 Chris Ares feat. Chevy – „Generation Deutschland“ (Freetrack, 2016)
15 Chris Ares – „Heimat“ (Freetrack, 2016)
16 Chris Ares feat. Silas Ares – „Deutscher Patriot“ (Album: „Bastion EP“, 2017)
17 Chris Ares feat. Silas Ares – „Niklas & Victor (†17&16)“ (Freetrack, 2016)
18 Komplott – „Avanti ragazzi“ (Album: „weiszes kaninchen“, 2018)
19 Komplott – „Zweitausendfünfzehn“ (Album: „weiszes kaninchen“, 2018)
20 Blutzeugen – „Märtyrer des Reiches“ (Album: „Blutzeugen“, 2011)
21 Blutzeugen – „Ewig treu“ (Album: „Völkisch Orthodox“, 2014)
22 Frank Rennicke – „Heimatlos“ (Album: „Anderes Aufgelegt – Andere(r) Lieder II“, 2000)
23 Frank Rennicke – „Sehnsucht nach der Heimat“ (Album: „Sehnsucht nach der Heimat“, 1994)
24 Frank Rennicke – „Ich bin nicht modern – denn ich fühle deutsch“ (Album: „Deutsche Gefühle“, 1994)
25 Frank Rennicke – „Ein junges Volk steht auf“ (Album: „Wir singen Kampf- und Soldatenlieder“, 1994)
26 Frank Rennicke – „Übers deutsche Land“ (Album: „Für Deutschland“, 1994)
27 Frank Rennicke – „Unsere Stunde, die wird kommen“ (Album: „Protestnoten für Deutschland“, 1987)

28 Frank Rennicke – „Ich will mein Land zurück“ (Album: „Frank und frei“, 2010)
29 Frank Rennicke – „Heimat“ (Album: „Für Deutschland“, 1994)
30 Frank Rennicke – „Der Väter Land“ (Album: „Der Väter Land“, 1997)
31 Frank Rennicke – „Vaterland“ (Album: „Trotz alledem“, 1996)
32 Frank Rennicke – „Das Mädel mit der Fahne“ (Album: Der Väter Land“, 1997)
33 Frank Rennicke – „Er fiel für Deutschlands Freiheit“ (Album: „Mein Kamerad“, 1992)
34 Frank Rennicke – „Über fünfzig Jahre ist es her“ (Album: „Trotz alledem“, 1996)
35 Frank Rennicke – „Deutschland“ (Album: „Unterm Schutt der Zeit“, 1989)
36 Frank Rennicke – „Wenn unser Land ist wieder frei“ (Album: „Nur unsere Gedanken sind frei“, 2000)
37 Frank Rennicke – „Restdeutschland“ (Album: „Für Deutschland“, 1994)
38 Frank Rennicke – „Über Länder, Grenzen, Zonen“ (Album: „Für Deutschland“, 1990)
39 Frank Rennicke – „Die Grenze“ (Album: „Sehnsucht nach Deutschland“, 1990)
40 Frank Rennicke – „Das Heimatvertriebenen-Lied“ (Album: „Für Deutschland“, 1990)
41 Frank Rennicke – „Restdeutschland“ (Album: „Für Deutschland“, 1994)
42 Frank Rennicke – „Parodie auf ein Tabu-Datum“ (Album: „Trotz alledem“, 1996)
43 Frank Rennicke – „Ich will mein Land zurück“ (Album: „Frank und frei“, 2010)
44 Frank Rennicke – „Deutschland Dir“ (Album: „Nur unsere Gedanken sind frei“, 2000)
45 Frank Rennicke – „Das Lied von der deutsch-polnischen Freundschaft“ (Album: „Deutsche Gefühle“, 1996)
46 Frank Rennicke – „Die neue Internationale“ (Album: „Sehnsucht nach Deutschland“, 1990)
47 Frank Rennicke – „Unser Land“ (Album: „Für Deutschland“, 1994)
48 Frank Rennicke – „Rote Ratten“ (Album: „Deutsche Gefühle“, 1996)
49 Blutbanner – „Abendspaziergang“ (Album: „Sapere Aude“, 2015)
50 Frei.Wild – „Unrecht bleibt Unrecht“ (Freetrack, 2016)
51 Frei.Wild – „Völkerrecht“ (Album: „Rivalen und Rebellen“, 2018)

52 Frei.Wild – „Deutschrock ist Leidenschaft“ (Album: „Feinde deiner Feinde“, 2012)
53 Böhse Onkelz – „Gehaßt, Verdammt, Vergöttert“ (Album: „Heilige Lieder“, 1992)
54 Böhse Onkelz – „Heilige Lieder“ (Album: „Heilige Lieder“, 1992)
55 Böhse Onkelz – „Willkommen“ (Album: „Weiß“, 1993)
56 Böhse Onkelz – „Deutschland“ (Album: „Der nette Mann“, 1984)
57 Kaiserjäger – „Österreich“ (Album: „Raff dich auf!“, 2000)
58 Kaiserjäger – „Selber schuld“ (Album: „Raff dich auf!“, 2000)
59 Frei.Wild – „Südtirol“ (Album: „Wo die Sonne wieder lacht“, 2003)
60 Kaiserjäger – „Meine Heimat heißt Tirol“ (Album: „Raff dich auf!“, 2000)
61 Frei.Wild – „Wahre Werte“ (Album: „Gegengift“, 2010)
62 Frei.Wild – „Mal Heimweh, mal Fernweh“ (Album: „Gegen alles, gegen nichts“, 2008)
63 Frei.Wild – „Es braucht nicht viel, um glücklich zu sein“ (Album: „Opposition“, 2015)
64 Frei.Wild – „Das Land der Vollidioten“ (Album: „Mitten ins Herz“, 2006)
65 Frei.Wild – „Das Land der Vollidioten“ (Album: „Mitten ins Herz“, 2006)
66 Frei.Wild – „Gutmenschen und Moralapostel“ (Album: „Feinde deiner Feinde“, 2012)
67 Böhse Onkelz – „Keine Amnestie für MTV“ (Album: „Dopamin“, 2002)
68 Böhse Onkelz – „Nr. 1“ (Album: „Dopamin“, 2002)
69 Frei.Wild – „Schlagzeile groß, Hirn zu klein“ (Album: „Feinde deiner Feinde“ / Gold-Edition, 2012)
70 Frei.Wild – „Zeig große Eier und ihnen den Arsch!!!“ (Album: „Still“, 2013)
71 Unantastbar – „Gegen alle Lügner“ (Album: „Schuldig“, 2011)
72 Frei.Wild – „Unser Wille, unser Weg“ (Album: „Gegengift“, 2010)
73 Frei.Wild – „Wir reiten in den Untergang“ (Album: „Feinde deiner Feinde“, 2012)
74 Unantastbar – „Ihr könnt mich alle mal“ (Album: „Hand aufs Herz“, 2016)
75 Unantastbar – „Aus dem Nebel“ (Album: „Flucht & Segen“, 2014)
76 Böhse Onkelz – „Danket dem Herrn“ (Album: „E.I.N.S.“, 1996)
77 Frei.Wild – „Zeig große Eier und ihnen den Arsch!!!“ (Album: „Still“, 2013)

78 Feine Sahne Fischfilet – „Nur diese eine Nacht“ (Album: „Bleiben oder gehen“, 2015)
79 Feine Sahne Fischfilet – „Wo niemals Ebbe ist“ (Album: „Sturm & Dreck“, 2018)
80 Feine Sahne Fischfilet – „Dorffeste im Herbst“ (Album: „Scheitern und Verstehen“, 2012)
81 Feine Sahne Fischfilet – „Niemand wie ihr“ (Album: „Sturm & Dreck“, 2018)
82 Feine Sahne Fischfilet – „Zuhause“ (Album: „Sturm & Dreck“, 2018)
83 Feine Sahne Fischfilet – „Grenzen weg“ (Album: „Wut im Bauch, Trauer im Herzen“, 2010)

8. Quellen

Arcadi Magazin (16.02.2017): „Bastion EP – Patriotischer Rap auf neuem Niveau von Komplott & Christoph Zloch aka Chris Ares“ (URL: www.arcadimagazin.de/bastion-ep-patriotischer-rap-auf-neuem-niveau/, zuletzt aufgerufen am 27.6.2018)

AfD-Landtags-TV (25.03.2018): „Heimat hat keinen Preis. Heimat hat einen unschätzbaren Wert! Björn Höcke“ (URL: www.youtube.com/watch?v=IIKJxE6geNU, zuletzt aufgerufen am 3.4.2019)

AfD Thüringen (2017): „Meine Heimat – Mein Thüringen. Landesprogramm der AfD-Fraktion im Thüringer Landtag“ (URL: www.afd-thl.de/meine-heimat-mein-thueringen/, zuletzt aufgerufen am 3.4.2019)

AfD Thüringen (2018): „Leitkultur, Identität, Patriotismus. Ein Positionspapier der AfD-Fraktion im Thüringer Landtag als Beitrag zur Debatte um die deutsche Leitkultur“ (URL: www.afd-thl.de/leitkultur-identitaet-patriotismus/, zuletzt aufgerufen am 3.4.2019)

AfD Thüringen (14.05.2018): „Björn Höcke bei PEGIDA! Rede & Eindrücke 14.05.2018“ (URL: www.youtube.com/watch?v=hp6yOrVUbs8, zuletzt aufgerufen am 3.4.2019)

argumente e. V. (2017): „Rennickes ruhiges Hinterland im oberfränkischen Unterhartmannsreuth – Neues rechtes Zentrum in Nordbayern?“ In: argumente e.V. (Hrsg.): „Braune Braune Soß aus Nordbayern – Strukturen der Neonazis und extrem Rechten in Franken und der Oberpfalz und der Widerstand dagegen“. Berlin: Selbstverlag, S. 68-71.

Agentur für soziale Perspektiven e.V. (2016): „Grauzonen. Rechte jugendliche Lebenswelten in Musikkulturen“. Berlin: Agentur für soziale Perspektiven e.V.

Angelos, James (10.10.2017): „The Prophet of Germany’s New Right“, *The New York Times* (URL: www.nytimes.com/2017/10/10/magazine/the-prophet-of-germanys-new-right.html, zuletzt aufgerufen am 25.4.2019)

Argumente & Kultur gegen Rechts (2015): „Rassismus – Antisemitismus – Jugendkultur. Aktuelle Erscheinungsformen, Hintergründe, Theorien und Analysen“. Bielefeld: Eigenverlag.

Ataman, Ferda (2018): „Deutschland, Heimat der Weltoffenheit“, *Amadeu Antonio Stiftung, Ermutigen – Handeln für Demokratie*, Nr. 20, S. 1.

Ataman, Ferda (09.03.2019): „Nennen wir es doch Wurzelmanie!“, *Spiegel Online* (URL: www.spiegel.de/kultur/gesellschaft/neorassismus-nennen-wir-es-doch-wurzelmanie-a-1256892.html, zuletzt aufgerufen am 19.4.2019)

Ataman, Ferda (2019): „Hört auf zu fragen. Ich bin von hier!“ Frankfurt/M.: S. Fischer Verlag.

Aydemir, Fatma/Yaghoobifarah, Hengameh (2019): „Vorwort“. In: Aydemir, Fatma/Yaghoobifarah, Hengameh: „Eure Heimat ist unser Albtraum“. Berlin: Ullstein Verlag, S. 9–12.

Ayyadi, Kira (30.05.2017): „‚Kontrakultur Halle‘ – eine rechtsextreme Marketing-Agentur“, *Belltower News* (URL: www.belltower.news/kontrakultur-halle-eine-rechtsextreme-marketing-agentur-44088/, zuletzt aufgerufen am 1.2.2019)

Balzer, Jens (10.1.2018): „Wie klingt linke Heimatmusik?“, *Die Zeit* (URL: www.zeit.de/2018/03/feine-sahne-fischfilet-punkband-sturm-und-dreck-album-ostdeutschland, zuletzt aufgerufen am 12.4.2019)

Barthel, Michael/Peter, Felix/Wagner, Clemens (18.4.2017): „Die Taktik geht auf“, *analyse & kritik*, Nr. 626, S. 18 (URL: www.akweb.de/ak_s/ak626/index.htm, zuletzt aufgerufen am 1.2.2019)

Bayerischer Landtag (20.11.2007): „Antwort des Staatsministeriums des Innern auf eine Schriftliche Anfrage vom 25.9.2007 zu ‚Aktivitäten der Heimattreuen Deutschen Jugend e.V. (HDJ) in Bayern‘“, 15. Wahlperiode, Drucksache 15/9165 (URL: www.bayern.landtag.de/www/ElanTextAblage_WP15/Drucksachen/Schriftliche%20Anfragen/15_0009165.pdf, zuletzt aufgerufen am 11.4.2018)

Bayerischer Landtag (25.7.2014): „Antwort des Staatsministeriums des Innern auf eine Schriftliche Anfrage vom 29.4.2014 zu ‚Rechtsextremismus in Oberfranken‘“, 17. Wahlperiode, Drucksache 17/ 2309 (URL: www.bayern.landtag.de/www/ElanTextAblage_WP17/Drucksachen/Schriftliche%20Anfragen/17_0002309.pdf, zuletzt aufgerufen am 11.4.2018)

Bayerischer Landtag (17.02.2017): „Antwort des Staatsministeriums des Innern auf eine Schriftliche Anfrage vom 17.11.2016 zu ‚Immobilie für rechtsradikale Veranstaltungen in Unterhartmannsreuth‘“, 17. Wahlperiode, Drucksache 17/14887 (URL: www.bayern.landtag.de/www/ElanTextAblage_WP17/Drucksachen/Schriftliche%20Anfragen/17_0014887.pdf, zuletzt aufgerufen am 11.4.2018)

Benneckenstein, Felix (16.10.2012): „Neonazis über Frei.Wild: ‚Mit diesen Distanzierungen können wir leben'", *Endstation Rechts* (URL: www.endstation-rechts.de/news/neonazis-ueber-freiwild-mit-diesen-distanzierungen-koennen-wir-leben.html, zuletzt aufgerufen am 2.2.2018)

Betzin, Tobias (2016): „Tief in der Grauzone. Der Fall Goitzsche Front und das Identitätsangebot ‚Ossi'". Leipzig: Schwarz Druck.

von Billerbeck, Liane (08.03.2013): „‚Es gibt Tendenzen, es gibt Andeutungen'. Die Band Frei.Wild und ihr Spiel mit völkischen Themen", *Deutschlandfunk Kultur* (URL: www.deutschlandfunkkultur.de/es-gibt-tendenzen-es-gibt-andeutungen.954.de.html?dram:article_id=239804, zuletzt aufgerufen am 2.2.2018)

Biselli, Anna/Meister, André/Reuter, Markus (28.1.2019): „Wir veröffentlichen das Verfassungsschutz-Gutachten zur AfD", *netzpolitik.org* (URL: www.netzpolitik.org/2019/wir-veroeffentlichen-das-verfassungsschutz-gutachten-zur-afd/, zuletzt abgerufen am 17.3.2019)

Büchner, Timo (2015): „Identität: ‚Frei.Wild'", *der rechte rand – Magazin von und für AntifaschistInnen*, Nr. 152, S. 26–27 (URL: www.der-rechte-rand.de/wp-content/uploads/drr-Ausgabe_152.pdf, zuletzt aufgerufen am 25.1.2018)

Büchner, Timo (2018): „Weltbürgertum statt Vaterland. Antisemitismus im RechtsRock". Münster: edition assemblage.

Büsser, Martin (2001): „Wie klingt die neue Mitte? Rechte und reaktionäre Tendenzen in der Rockmusik". Mainz: Ventil Verlag.

Brunner, Georg/Gründer, René (01.11.2011): „‚So einen Scheiß lade ich nicht auf mein Laptop'. Auswertung einer Studie zum Umgang von Schülern mit rechtsradikaler Musik" (URL: www.gfpm-samples.de/Samples10/brunnergruender.pdf, zuletzt aufgerufen am 2.2.2018)

Bruns, Julian/Glösel, Kathrin/Strobl, Natascha (2014): „Die Identitären. Handbuch zur Jugendbewegung der Neuen Rechten in Europa". Münster: Unrast Verlag.

Bundesprüfstelle für jugendgefährdende Medien [BpjM] (16.12.2015): „Bekanntmachung Nr. 13/2015 über jugendgefährdende Trägermedien" (URL: www.bundesanzeiger.de/ebanzwww/wexsservlet?session.sessionid=19147b6586cf30378766b108fe362b4d&page.navid=detailsearchlisttodetailsearchdetail&fts_search_list.selected=441629deff60cbe8&fts_search_list.destHistoryId=27676, zuletzt aufgerufen am 9.6.2019)

Bundeszentrale für politische Bildung (2013): Transkription der Podiumsdiskussion „Frei.Wild: Die Erben der Böhsen Onkelz?“ im Rahmen der Fachtagung „Neue Töne von rechts?“ (2./3.12.2013) in Neudietendorf (Thüringen). (URL: www.bpb.de/system/files/dokument_pdf/140402_Transkript_FreiWild_FINAL_0.pdf?blickinsbuch, zuletzt aufgerufen am 2.0.2018)

Busch, André (2008): „Blutzeugen. Beiträge zur Praxis des politischen Kampfes in der Weimarer Republik“. Fretterode: Nordland-Verlag.

Cramer, Eike (19.8.2015): „Frei.Wild setzen ein klares Zeichen gegen Fremdenhass – und provozieren damit ihre rechten Fans“, *Metal Hammer* (www.metal-hammer.de/frei-wild-setzen-ein-klares-zeichen-gegen-fremdenhass-und-provozieren-damit-ihre-rechten-fans-503565/, zuletzt aufgerufen am 27.4.2018)

Dell, Matthias (12.4.2018): „Heimat ohne Hass“, *Spiegel Online* (URL: www.spiegel.de/kultur/kino/wildes-herz-ueber-feine-sahne-fischfilet-heimat-ohne-hass-a-1202391.html, zuletzt aufgerufen am 12.4.2019)

Der Flügel (07.09.2017): „Kyffhäusertreffen 2017 – Rede von Björn Höcke“ (URL: www.youtube.com/watch?v=7ALZpg3gIGk, zuletzt aufgerufen am 3.4.2017)

Der Tagesspiegel (19.1.2017): „Gemütszustand eines total besiegten Volkes'“ (URL: www.tagesspiegel.de/politik/hoecke-rede-im-wortlaut-gemuetszustand-eines-total-besiegten-volkes/19273518.html, zuletzt aufgerufen am 19.1.2017)

Deutscher Bundestag (03.02.2016): „Antwort der Bundesregierung auf die Kleine Anfrage der Linksfraktion zu ‚Musikveranstaltungen der extremen Rechten im vierten Quartal 2015‘“, 18. Wahlperiode, Drucksache 18/7447 (URL: www.dipbt.bundestag.de/doc/btd/18/074/1807447.pdf, zuletzt aufgerufen am 11.4.2018)

Deutscher Bundestag (4.8.2017): „Antwort der Bundesregierung auf die Kleine Anfrage der Linksfraktion zu ‚Musikveranstaltungen der extremen Rechten im zweiten Quartal 2017‘“, 18. Wahlperiode, Drucksache 18/13256 (URL: www.dipbt.bundestag.de/dip21/btd/18/132/1813256.pdf, zuletzt aufgerufen am 11.4.2018)

Die ZEIT (15.9.2018): „Seehofer nennt bezahlbares Wohnen ‚soziale Frage unserer Zeit‘“, *Die ZEIT* (URL: www.zeit.de/news/2018-09/15/seehofer-nennt-bezahlbares-wohnen-soziale-frage-unserer-zeit-20180915-doc-1943xi, zuletzt aufgerufen am 2.9.2019)

Dornbusch, Christian/Raabe, Jan (2002): „Einleitung". In: Dornbusch, Christian/Raabe, Jan (Hg.): RechtsRock. Bestandsaufnahme und Gegenstrategien. Münster: Unrast Verlag, S. 9–15.

Dornbusch, Christian/Raabe, Jan (2008): „‚Protestnoten für Deutschland'". In: Röpke, Andrea/Speit, Andreas (Hg.): „Neonazis in Nadelstreifen. Die NPD auf dem Weg in die Mitte der Gesellschaft", Berlin: Ch. Links Verlag, S. 154–177.

DS-TV (2016): „Frank Rennicke – Sänger für Deutschland" (URL: www.facebook.com/npd.de/videos/10153944097859584/, zuletzt aufgerufen am 11.4.2018)

Ebermann, Thomas (2019): „Linke Heimatliebe. Eine Entwurzelung", *konkret texte 75*. Hamburg: KVV konkret.

Ein Prozent (11.4.2016): „Wir im Widerstand: Kontrakultur Halle" (URL: www.einprozent.de/wir-im-widerstand-kontrakultur-halle/, zuletzt aufgerufen am 1.2.2019)

Ein Prozent (1.6.2016): „Kontrakultur: patriotischer Rap aus Halle/Saale" (URL: www.einprozent.de/kontrakultur-patriotischer-rap-aus-hallesaale/, zuletzt aufgerufen am 31.1.2019)

Ein Prozent (6.6.2016): „Bundesweite Aktion: Heimat im Blindflug" (URL: www.einprozent.de/deutschlandweite-aktion-heimat-im-blindflug/, zuletzt aufgerufen am 23.5.2019)

Ein Prozent (29.11.2017): „Kulturraum Land: Investoren und Pioniere gesucht" (URL: www.einprozent.de/blog/aktiv/kulturraum-land-investoren-und-pioniere-gesucht/2193, zuletzt aufgerufen am 23.5.2019)

Ein Prozent (13.6.2018): „Infoladen Cottbus: Am Puls des Widerstandes" (URL: www.einprozent.de/blog/aktiv/infoladen-cottbus-am-puls-des-widerstandes/2314, zuletzt aufgerufen am 23.5.2019)

Ein Prozent (2019): „Über uns" (URL: www.einprozent.de/ueber-uns, zuletzt aufgerufen am 23.5.2019)

Elflein, Dietmar (2014): „Allein gegen den Rest der Welt – Repräsentationen von Männlichkeiten im Deutschrock bei Westernhagen und den Böhsen Onkelz". In: Helms, Thomas/Phelps, Dietrich (Hg.): „Typisch deutsch? (Eigen-) Sichten auf populäre Musik in diesem unseren Land". Bielefeld: transcript Verlag, S. 101–126.

Fahr, Margitta (1995): „Frank Rennicke – Der ‚Nationale Barde'". In: Forschungszentrum Populäre Musik der Humboldt-Universität zu Berlin (Hg.): „PopScriptum 04 – Rechte Musik" (URL: www2.hu-berlin.de/fpm/popscrip/themen/pst04/pst04_fahr02.htm, zuletzt aufgerufen am 13.3.2018)

Fakt ist! (16.4.2018): „Was heißt hier Heimat – Geliebter Ort oder politischer Kampfbegriff?" (URL: www.mdr.de/tv/programm/sendung783240.html, zuletzt aufgerufen am 3.4.2019)

Farin, Klaus (2015): „Frei.Wild. Südtirols konservative Antifaschisten". Berlin: Archiv der Jugendkulturen Verlag.

Fiß, Daniel (31.7.2018): „EUROPA NOSTRA – Ein Tag der identitären Gegenkultur", *Sezession* (URL: www.sezession.de/58962/europa-nostra-ein-tag-der-identitaeren-gegenkultur, zuletzt aufgerufen am 9.4.2019)

Flad, Henning (2002): „Trotz Verbot nicht tot. Ideologieproduktion in den Songs der extremen Rechten". In: Dornbusch, Christian/Raabe, Jan (Hg.): „RechtsRock. Bestandsaufnahme und Gegenstrategien", Münster: Unrast-Verlag, S. 91–123.

FSN.tv (21.10.2012): „Sendung 10" (URL: www.fsn-tv.de/zeige_vod.php?nr=10, zuletzt aufgerufen am 17.12.2016)

Frankenpost (4.5.2016): „Neonazis ohne feste Strukturen im Landkreis" (URL: www.franken post.de/region/hof/Neonazis-ohne-feste-Strukturen-im-Landkreis;art83415,4826940, zuletzt aufgerufen am 11.4.2018)

Freires, Horst (28.8.2017): „Strategiewechsel bei ‚Thügida'", *Blick nach Rechts* (URL: www.bnr.de/artikel/aktuelle-meldungen/strategiewechsel-bei-th-gida, zuletzt aufgerufen am 11.4.2018)

Franceschini, Christoph (2012): „Zwischen Rom, Wien und Langley. Die Geschichte der Südtirol-Attentate in den 60er Jahren und die Rolle der italienischen und amerikanischen Nachrichtendienste rund um den Befreiungsausschuss Südtirol". In: Gehler, Maddalena/Guiotto, Michael (Hg.): „Italien, Österreich und die Bundesrepublik Deutschland in Europa. Ein Dreiecksverhältnis in seinen wechselseitigen Beziehungen und Wahrnehmungen von 1945/49 bis zur Gegenwart". Köln: Böhlau Verlag, S. 431–452.

Freitag, Jan (8.3.2013): „Die Sarrazinisierung des Popdiskurses ist weit verbreitet", *Die Zeit* (URL: www.zeit.de/kultur/musik/2013-03/freiwild-interview-thorsten-hindrichs, zuletzt aufgerufen am 2.2.2018)

Frei.Wild (2018): Offizielles Songtext-Archiv (URL: www.songs.frei-wild.net/, zuletzt aufgerufen am 2.2.2018)

Friedrichs, Julia/Hurst, Fabienne/Spinrath, Andreas (25.2.2019): „Was Deutschland bewegt – Heimatland" (URL: www.daserste.de/information/reportage-dokumentation/dokus/videos/heimatland-video-102.html, zuletzt aufgerufen am 10.4.2019)

Fuchs, Christian/Middelhoff, Paul (2019): „Das Netzwerk der Neuen Rechten. Wer sie lenkt, wer sie finanziert und wie sie die Gesellschaft verändern". Hamburg: Rowohlt Verlag.

Fuchs, Tina (9.4.2018): „Zeugen gegen Assad. Die Suche nach Gerechtigkeit für Syrien" (URL: www.daserste.de/information/reportage-dokumentation/dokus/sendung/zeugen-gegen-assad-100.html, zuletzt abgerufen am 30.4.2018)

Funke, Hajo (2017): „Volk, völkisch, Volksgemeinschaft – historische Konzepte. Die Rechtspopulisten heute und die Gesellschaft der Vielfalt", *Einsicht. Bulletin des Fritz Bauer Instituts* 18, 9. Jahrgang, S. 25–30.

Funke, Hajo/Mudra, Christiane (2018): „Gäriger Haufen. Die AfD: Ressentiments, Regimewechsel & völkische Radikale. Handreichung zum demokratischen Widerstand". Hamburg: VSA Verlag.

Gensing, Patrick/Strippel, Andreas (31.10.2012): „Frei.Wild – ‚unpolitischer' Hass auf ‚Gutmenschen'", *publikative.org* (URL: www.publikative.org/2012/10/31/frei-wild-unpolitischer-hass-auf-gutmenschen/, zuletzt aufgerufen am 2.2.2018)

Gensing, Patrick (29.12.2015): „Die AfD und die ‚Volksgemeinschaft'", *Tagesschau.de* (URL: www.tagesschau.de/inland/afd-volksgemeinschaft-103.html, zuletzt abgerufen am 16.3.2019)

Grell, Hagen (28.7.2017): „Der Mensch Björn Höcke – Doku bei der AfD im Thüringer Landtag" (URL: www.youtube.com/watch?v=RzuG0yh51d8, zuletzt aufgerufen am 3.4.2019)

Gürgen, Malene/Jakob, Christian/am Orde, Sabine (13.4.2018): „300 rechte Helfer im Bundestag", *Die Tageszeitung* (URL: www.taz.de/Rechercheprojekt-Netzwerk-AfD/!5498386/, zuletzt aufgerufen am 1.4.2019)

Häusler, Alexander (2016): „Themen der Rechten". In: Häusler, Alexander/Langebach, Martin/Virchow, Fabian (Hg.): „Handbuch Rechtsextremismus". Wiesbaden: Springer VS, S. 135–180.

Häusler, Alexander (2016): „Die AfD – eine rechtspopulistische ‚Bewegungspartei'?". In: Häusler, Alexander/Virchow, Fabian (Hg.): „Neue soziale Bewegung von rechts? Zukunftsängste, Abstieg der Mitte, Ressentiments". Hamburg: VSA Verlag, S. 42–51.

Häusler, Alexander (2018): „Die AfD: Die Partei des völkisch-autoritären Populismus". In: Häusler, Alexander (Hg.): „Völkisch-autoritärer Populismus. Der Rechtsruck in Deutschland und die AfD". Hamburg: VSA Verlag, S. 9–20.

Heid, Ludger (2000): „Der Ostjude". In: Schlör, Joachim/Schoeps, Julius H. (Hg.): „Antisemitismus. Vorurteile und Mythen". München: Piper Verlag, S. 241–251.

Hartl, Johannes (23.06.2017): „Frank Rennickes rechter Raum", *Antifaschistisches Infoblatt*, Nr. 114 (URL: www.antifainfoblatt.de/artikel/frank-rennickes-rechter-raum, zuletzt aufgerufen am 8.4.2018)

Hartl, Johannes (23.08.2016): „Brauner Treffpunkt im Vogtland", *Blick nach Rechts* (URL: www.bnr.de/artikel/hintergrund/brauner-treffpunkt-im-vogtland, zuletzt aufgerufen am 8.4.2018)

Hayali, Dunja (2018): „Haymatland. Wie wollen wir zusammenleben?" Berlin: Ullstein Verlag.

Heide, Stephanie (2018): „Im Kampf gegen den Zeitgeist. Das identitäre Zentrum in Halle". In: „Das Netzwerk der Neuen Rechten. Ideologie und Aktionen der Neuen Rechten". Berlin: Ch. Links Verlag, S. 73–92.

Hindrichs, Thorsten (2014): „Heimattreue Patrioten und das ‚Land der Vollidioten'. Frei.Wild und die ‚neue' Deutschrockszene". In: Helms, Thomas/Phelps, Dietrich (Hg.): „Typisch deutsch? (Eigen-) Sichten auf populäre Musik in diesem unseren Land". Bielefeld: transcript Verlag, S. 153–183.

Hübner, Charly/Schultz, Sebastian (2017): „Wildes Herz" (URL: www.daserste.de/information/reportage-dokumentation/dokus/videos/wildes-herz-jan-monchi-gorkow-feine-sahne-video-100.html, zuletzt aufgerufen am 12.4.2019)

Hufnagl, Matthias (2018): „Heimat ist ein komischer Begriff – Feine Sahne Fischfilet im Interview", *Dresdner Kulturmagazin* (URL: www.dresdner.nu/interviews/Heimat-ist-ein-komischer-Begriff-Feine-Sahne-Fischfilet-im-Interview-Foto-Bastian-Bochinski.5BFD40FA.4E07.html.php, zuletzt aufgerufen am 14.4.2019)

Identitäre Bewegung (2019): „Großer Austausch" (URL: www.identitaere-bewegung.de/kampagnen/grosser-austausch/, zuletzt aufgerufen am 23.5.2019)

Institut für Staatpolitik (24.1.2017): „14. Sommerakademie" (URL: www.staats politik.de/chronik-2013/, zuletzt aufgerufen am 1.4.2019)

jetzt.de (6.9.2016): „Das ist: Chris Ares, nationalistischer Rapper und friedliebender Patriot" (URL: www.jetzt.de/das-ist/der-nationalistische-rapper-der-fuer -die-afd-auftritt, zuletzt aufgerufen am 25.1.2019)

Kamann, Matthias (11.09.2016): „Petry will den Begriff ‚völkisch' positiv besetzen", *Die Welt* (URL: www.welt.de/politik/deutschland/article158049092/Petry -will-den-Begriff-voelkisch-positiv-besetzen.html, zuletzt abgerufen am 16.3. 2019)

„Kanal Schnellroda" (29.11.2015): „Björn Höcke zur Asylpolitik – IfS-Kongress ‚Ansturm auf Europa'" (URL: www.youtube.com/watch?v=qLsetj1Lcbk, zuletzt aufgerufen am 13.2.2019)

Kleffner, Heike/Röpke, Andrea (2018): „Der Traum von einem sicheren Leben". In: Röpke, Andrea (Hg.): „Jahrbuch rechte Gewalt 2018. Chronik des Hasses – Hintergründe, Analysen und die Ereignisse 2017". München: Knaur Verlag, S. 192–209.

Kovahl Ernst/Hinz, Sven: „‚Freiheitskämpfer'? Südtirol als Thema der (extremen) Rechten", *der rechte rand – Informationen von und für AntifaschistInnen*, Nr. 120, S. 14–15.

Kuban, Thomas (2012): „‚Blut muss fließen' – Undercover unter Nazis". Frankfurt/M.: Campus Verlag.

Kuban, Thomas (22.2.2012): „‚Ich dulde keine Kritik an diesem heiligen Land'. Das Erbe der ‚Böhsen Onkelz'", *Süddeutsche Zeitung* (URL: www.sueddeutsche. de/kultur/das-erbe-der-boehsen-onkelz-ich-dulde-keine-kritik-an-diesem -heiligen-land-1.1290307, zuletzt aufgerufen am 2.2.2018)

Kuban, Thomas (31.10.2012): „Alles nur Fassade? Oder: Wie ‚rechts' sind Frei. Wild wirklich?", *Endstation Rechts* (URL: www.endstation-rechts.de/news/arti kel/alles-nur-fassade-oder-wie-rechts-sind-freiwild-wirklich.html, zuletzt aufgerufen am 2.2.2018)

Kubitschek, Götz (15.10.2014): „Björn Höcke, Stefan Scheil und die AfD – ein Doppelinterview (1. Teil)", *Sezession* (URL: www.sezession.de/46828/bjoern -hoecke-stefan-scheil-und-die-afd-ein-doppelinterview-1-teil, zuletzt aufgerufen am 13.2.2019)

Lemmer, Torsten (1996): „Sänger für Deutschland – Die Biographie des Volkssängers Frank Rennicke“, Düsseldorf-Langenfeld: Verlag Mehr Wissen.

Ludendorff, Erich (1939): „Zur Befreiung des schaffenden Deutschen“. In: Ludendorff, Erich/Ludendorff, Mathilde (Hg.): „Die Judenmacht – ihr Wesen und Ende“. München: Ludendorffs Verlag GmbH.

Ludendorff, Erich (1939): „Rabbiner und Priester in ‚geistlicher Bruderschaft‘“. In: Ludendorff, Erich/Ludendorff, Mathilde (Hg.): „Die Judenmacht – ihr Wesen und Ende“. München: Ludendorffs Verlag GmbH.

Ludendorff, Mathilde (1939): „Die jüdische Seele“. In: Ludendorff, Erich/Ludendorff, Mathilde (Hg.): „Die Judenmacht – ihr Wesen und Ende“. München: Ludendorffs Verlag GmbH.

Lütke, Josephine (11.2.2014): „Interview: ‚Das ist Rechtsrock‘. Investigativjournalist Thomas Kuban über die Südtiroler Band Frei.Wild“, *Schwäbische Zeitung* (URL: www.schwaebische.de/politik/inland_artikel,-Interview-%E2%80%9E Das-ist-Rechtsrock%E2%80%9C-_arid,5585841.html, zuletzt aufgerufen am 2.2.2018)

Menasse, Robert (2014): „Heimat ist die schönste Utopie. Reden (wir) über Europa“. Berlin: Suhrkamp Verlag.

Metzger, Frank (15.01.2013): „Völkischer Mainstream-Rock – Frei.Wild und die extreme Rechte“, *Die Zeit* (URL: www.blog.zeit.de/stoerungsmelder/2013/01/15/volkischer-mainstream-rock-frei-wild-und-die-extreme-rechte_11073, zuletzt aufgerufen am 2.2.2018)

Müller, Andreas (11.4.2018): „Ein einfaches Identitätsangebot“, *Deutschlandfunk Kultur* (URL: www.deutschlandfunkkultur.de/suedtiroler-band-frei-wild-ein-einfaches-identitaetsangebot.2177.de.html?dram:article_id=415337, zuletzt aufgerufen am 27.4.2018)

Musial, Johannes (17.7.2017): „Wir waren bei der größten Neonazi-Veranstaltung Deutschlands. ‚Ich schlage euch tot!‘ – Was passiert, wenn 6.000 Rechtsextreme in eine thüringische Kleinstadt einmarschieren“, *Vice* (URL: www.vice.com/de/article/padxv7/wir-waren-bei-der-grossten-neonazi-veranstaltung-deutschlands, zuletzt aufgerufen am 16.4.2018)

Montag, Marie (21.10.2016): „‚Klang der Reconquista‘ – ‚Komplott‘ rappt für die ‚Identitäre Bewegung‘“, *Belltower News* (URL: www.belltower.news/klang-der-reconquista-komplott-rappt-fuer-die-identitaere-bewegung-42872/, zuletzt aufgerufen am 31.1.2019)

Nahrhaft, Max/Schindler, Anselm (03.03.2017): „Der rechte Rapper aus Ebersberg“, *Süddeutsche Zeitung* (URL: www.sueddeutsche.de/muenchen/ebersberg/ebersberg-video-botschaften-von-ganz-rechts-1.3404015, zuletzt aufgerufen am 25.1.2019)

Neumann, János (2017): „Das ‚Ein Prozent‘ Recherchenetzwerk“, *der rechte rand – Magazin von und für AntifaschistInnen*, Nr. 169, S. 8–9 (URL: www.der-rechte-rand.de/archive/2813/ein-prozent-recherchenetzwerk/, zuletzt aufgerufen am 25.4.2019)

Panorama (11.12.2015): „Höckes Lehre von den Menschentypen“ (URL: www.daserste.ndr.de/panorama/AfD-Hoeckes-Lehre-von-den-Menschentypen,panorama5960.html, zuletzt aufgerufen am 13.2.2019)

Prantl, Heribert (2018): „Das deutscheste aller deutschen Wörter. Geschwurbel oder Substanz?“. In: Prantl, Heribert (Hg.): „Vom großen und kleinen Widerstand. Gedanken zu Zeit und Unzeit“. München: Süddeutsche Zeitung Edition, S. 223–226.

Przybilla, Olaf (31.7.2014): „Eine Art Reinhard Mey der rechtsextremen Szene“, *Süddeutsche Zeitung* (URL: www.sueddeutsche.de/bayern/rechte-szene-in-oberfranken-eine-art-reinhard-mey-der-rechtsextremen-szene-1.2070126, zuletzt aufgerufen am 23.3.2018)

Punikoff hört rein (18.12.2015): „Punikoff hört rein: Blutzeugen – Völkisch Orthodox“ (URL: www.punikoff.wordpress.com/2015/12/18/blutzeugen-voelkisch-orthodox/, zuletzt aufgerufen am 16.4.2018)

Quent, Matthias (2019): „Deutschland rechts außen. Wie die Rechten nach der Macht greifen und wie wir sie stoppen können“. München: Piper Verlag.

Raabe, Jan (11.6.2010): „Frank Rennicke – Vom ‚Sänger für Deutschland‘ zum Bundespräsidenten-Kandidat“, *Antifaschistisches Infoblatt*, Nr. 87 (URL: www.antifainfoblatt.de/artikel/frank-rennicke-%e2%80%93-vom-%c2%bbs%c3%a4nger-f%c3%bcr-deutschland%c2%ab-zum-bundespr%c3%a4sidenten-kandidat, zuletzt aufgerufen am 8.4.2018)

Raabe, Jan (12.8.2015): „Farin wäscht weißer. ‚Frei.Wild – Südtirols konservative Antifaschisten‘“, *LOTTA – Antifaschistische Zeitung aus NRW, Rheinland-Pfalz und Hessen*, Onlineausgabe (URL: www.lotta-magazin.de/ausgabe/online/farin-w-scht-wei-er, zuletzt aufgerufen am 2.2.2018)

Raabe, Jan (26.10.2015): „Das SS in meinem Namen hat nicht zufällig gepasst. Der Nazi-Rapper Makss Damage“, *LOTTA – Antifaschistische Zeitung aus NRW, Rheinland-Pfalz und Hessen*, Nr. 60 (URL: www.lotta-magazin.de/ausgabe/60/das-ss-meinem-namen-hat-nicht-zuf-llig-gepasst, zuletzt aufgerufen am 1.2.2019)

Raabe, Jan (2019): „Rechtsrock in Deutschland. Funktionen, Entwicklung, zentrale Akteure – Umrisse eines wachsenden Problems“. In: Botsch, Gideon/Raabe, Jan/Schulze, Christoph (Hg.): „Rechtsrock. Aufstieg und Wandel neonazistischer Jugendkultur am Beispiel Brandenburgs“. Berlin: be.bra Wissenschaft Verlag.

Radke, Johannes/Staud, Toralf (2012): „Neue Nazis. Jenseits der NPD: Populisten, Autonome Nationalisten und der Terror von rechts“. Köln: Verlag Kiepenheuer & Witsch.

Radke, Johannes (10.05.2012): „Die neue Reichskapelle. Dumpfer Patriotenrock aus Südtirol erobert die Arenen in ganz Deutschland“, *Die Zeit* (URL: www.zeit.de/2012/20/A-Onkelz, zuletzt aufgerufen am 2.2.2018)

Rennicke, Frank (10.2.2016): Live in Saarbrücken/Saarland (URL: www.youtube.com/watch?v=YfGR2UPWLMQ, zuletzt aufgerufen am 9.4.2018)

Rennicke, Frank (22.7.2017): Live in Riesa/Sachsen (URL: www.youtube.com/watch?v=glisA8aLhp8, zuletzt aufgerufen am 9.4.2018)

Rennicke, Frank (26.8.2017): Live in Kirchheim/Thüringen (URL: www.youtube.com/watch?v=2fOO8X1kV6E, zuletzt aufgerufen am 9.4.2018)

Rennicke, Frank (2018): Internetpräsenz (URL: www.rennicke.de/, zuletzt aufgerufen am 19.4.2018)

Richter, Christoph D. (4.11.2017): „Rechtes Hausprojekt in Halle: AfD und Identitäre unter einem Dach“, *Deutschlandfunk* (URL: www.deutschlandfunk.de/rechtes-hausprojekt-in-halle-afd-und-identitaere-unter.1773.de.html?dram:article_id=399843, zuletzt aufgerufen am 1.2.2019)

Riek, Anna/Zimmermann, Philipp (28.10.2012): „Die Deutschrock-Band ‚Frei.Wild‘. Umstritten und erfolgreich“, *aspekte* (URL: www.youtube.com/watch?v=8C_5adFj-W0, zuletzt aufgerufen am 27.4.2018)

Rietzschel, Antonie (8.3.2013): „Provokanter Patriotismus“, *Süddeutsche Zeitung* (URL: www.sueddeutsche.de/kultur/einkassierte-echo-nominierung-fuer-frei wild-provokanter-patriotismus-1.1619166, zuletzt aufgerufen am 2.2.2018)

Rietzschel, Antonie (15.8.2015): „Frei.Wild verärgert Fans“, *Süddeutsche Zeitung* (URL: www.sueddeutsche.de/politik/erklaerung-gegen-fremdenhass-freiwild-veraergert-fans-1.2611149, zuletzt aufgerufen am 27.4.2018)

Röpke, Andrea (2017): „Jahrbuch rechte Gewalt 2017. Chronik des Hasses – Hintergründe, Analysen und die Ereignisse 2016“. München: Knaur Verlag.

Röpke, Andrea (2018): „Jahrbuch rechte Gewalt 2018. Chronik des Hasses – Hintergründe, Analysen und die Ereignisse 2017“. München: Knaur Verlag.

Roth, Mathias (2017): „NS-Rap. Back again?“, *der rechte rand – Magazin von und für AntifaschistInnen*, Nr. 165 (URL: www.der-rechte-rand.de/archive/2452/drr-165-ns-rap/, zuletzt aufgerufen am 1.2.2019)

Roth, Mathias (24.4.2017): „NS-Rap. 16 Bars für Führer, Volk und Vaterland“, *LOTTA – Antifaschistische Zeitung aus NRW, Rheinland-Pfalz und Hessen*, Nr. 66 (URL: www.lotta-magazin.de/ausgabe/66/ns-rap, zuletzt aufgerufen am 1.2.2019)

Sachsen-Anhalt rechtsaußen (02.03.2017): „‚Komplott‘ – identitärer NS-Rap, nicht aus Halle“ (URL: https://lsa-rechtsaussen.net/komplott-identitaerer-ns-rap-nicht-aus-halle/, zuletzt aufgerufen am 31.1.2019)

Sachsen-Anhalt rechtsaußen (18.6.2017): „Kubitscheks Traum vom Nazikiez“ (URL: www.lsa-rechtsaussen.net/ein-identitaeres-haus-fuer-die-kontrakultur-halle/, zuletzt aufgerufen am 1.2.2019)

Sanyal, Mithu (2019): „Zuhause“. In: Aydemir, Fatma/Yaghoobifarah, Hengameh: „Eure Heimat ist unser Albtraum“. Berlin: Ullstein Verlag, S. 101–121.

Sarrazin, Thilo (2010): „Deutschland schafft sich ab. Wie wir unser Land aufs Spiel setzen“. München: Deutsche Verlags-Anstalt.

Scharnowski, Susanne (2019): „Heimat. Geschichte eines Missverständnisses“. Darmstadt: Wissenschaftliche Buchgesellschaft.

Schiedel, Heribert (6.2.2013): „Weder frei noch wild: Deutschrock aus Norditalien“, *Forschungsgruppe FIPU* (URL: www.forschungsgruppefipu.wordpress.com/2013/02/06/weder-frei-noch-wild/, zuletzt aufgerufen am 2.2.2018)

Schimmer, Arne (2017): Nachbericht des GfP-Kongresses 2017 unter dem Motto „Deutsche Identität – 500 Jahre nach Luther“, *Gesellschaft für freie Publizistik* (URL: www.gfp-netz.de/, zuletzt aufgerufen am 21.4.2018)

Schlink, Bernhard (2000): „Heimat als Utopie“. Frankfurt/M.: Suhrkamp Verlag.

Schüle, Christian (2017): „Heimat. Ein Phantomschmerz". München: Droemer Verlag.

Schreiber, Peter (2017): „‚Wenn ihr Wind sät, werden wir Sturm sein!'", *Deutsche Stimme* (URL: www.npd.de/wenn-ihr-wind-saet-werden-wir-sturm-sein/, zuletzt aufgerufen am 19.4.2018)

Schulte von Drach, Markus (12.4.2018): „Der syrische Bürgerkrieg im Überblick", *Süddeutsche Zeitung* (URL: www.sueddeutsche.de/politik/chronologie-der-syrische-buergerkrieg-im-ueberblick-1.2652348, zuletzt aufgerufen am 30.4.2018)

Schulze, Christoph/Weiss, Michael (11.12.2010): „Die Band ‚Frei.Wild'. Zwischen Kitsch und Subkultur", *Antifaschistisches Infoblatt*, Nr. 89, S. 42–45. (URL: www.antifainfoblatt.de/artikel/die-band-%C2%BBfreiwild%C2%AB-zwischen-kitsch-und-subkultur, zuletzt aufgerufen am 2.2.2018)

Sieber, Roland (1.11.2012): „Frei.Wild: Gehasst, Verdammt, Vergöttert!", *Die Zeit* (URL: www.blog.zeit.de/stoerungsmelder/2012/11/01/frei-wild-gehasst-verdammt-vergottert_10375, zuletzt aufgerufen am 2.2. 2018)

Sieber, Roland (17.3.2013): „Frei.Wild und ihr völkischer Regionalpatriotismus", *Die Zeit* (URL: www.blog.zeit.de/stoerungsmelder/2013/03/17/frei-wild-und-ihr-volkischer-regionalpatriotismus_11995, zuletzt aufgerufen am 2.2.2018)

Sellner, Martin (2017): „Identitär. Geschichte eines Aufbruchs". Schnellroda: Verlag Antaios.

Sommerlich, Karla (27.8.2018): „Niemand will Teil der ‚Identitären Bewegung' sein", *Belltower News* (URL: www.belltower.news/niemand-will-teil-der-identitaeren-bewegung-sein-49090/, zuletzt aufgerufen am 9.4.2018)

Speit, Andreas (2016): „Bürgerliche Scharfmacher. Deutschlands neue rechte Mitte – von AfD bis Pegida". Zürich: Orell Füssli.

Speit, Andreas (2018): „Reaktionärer Klan. Die Entwicklung der Identitären Bewegung in Deutschland". In: „Das Netzwerk der Neuen Rechten. Ideologie und Aktionen der Neuen Rechten". Berlin: Ch. Links Verlag, S. 17–41.

Spiegel Online (3.10.2017): „Die, die unser Land zusammenhalten" (URL: www.spiegel.de/politik/deutschland/tag-der-deutschen-einheit-frank-walter-steinmeiers-rede-im-wortlaut-a-1171054.html, zuletzt aufgerufen am 18.4.2019)

Springstoff, Anna (23.5.2015): „‚Ich bin ein Rassist. Und das Tag für Tag.' – NS-Rap von MaKss Damage", *Belltower News* (URL: www.belltower.news/ich

-bin-ein-rassist-und-das-tag-fuer-tag-ns-rap-von-makss-damage-39062/, zuletzt aufgerufen am 5.4.2019)

Staud, Toralf (2009): „Moderne Nazis. Die neuen Rechten und der Aufstieg der NPD“. Köln: Verlag Kiepenheuer & Witsch.

Steinau, Marc (6.9.2016): „Rechtsextreme attackieren Demonstranten bei AfD-Wahlparty in München“, *Huffington Post* (URL: www.huffingtonpost.de/2016/09/06/afd-wahlparty-muenchen_n_11866782.html, zuletzt aufgerufen am 25.1.2019)

Steininger, Rolf (1997): „Südtirol im 20. Jahrhundert. Vom Leben und Überleben einer Minderheit“. Innsbruck: Studien-Verlag.

Südtiroler Schützenbund [SSB] (2018): „Statuten“ (URL: www.schuetzen.com/organisation/ssb/statuten/, zuletzt aufgerufen am 2.2.2018)

Südtiroler Schützenbund [SSB] (2018): „Über uns“ (URL: www.schuetzen.com/organisation/ssb/ueber-uns/, zuletzt aufgerufen am 2.2.2018)

Südtiroler Schützenbund [SSB] (2018): „Zielsetzung“ (URL: www.schuetzen.com/organisation/ssb/zielsetzung/, zuletzt aufgerufen am 2.2.2018)

Türcke, Christoph (2015): „Heimat. Eine Rehabilitierung“. Springe: zu Klampen Verlag.

United Nations High Commissioner for Refugees [UNHCR] (19.6.2017): „Zahlen im Überblick“ (URL: www.unhcr.org/dach/de/ueber-uns/zahlen-im-ueberblick, zuletzt aufgerufen am 1.5.2018)

Uthoff, Jens (27.11.2012): „Offene Hintertürchen“, *Die Tageszeitung* (URL: www.taz.de/!5078621/, zuletzt aufgerufen am 2.2.2018)

Wallnöfer, Elsbeth (2019): „Heimat. Ein Vorschlag zur Güte“. Innsbruck/Wien: Haymon Verlag.

Weiss, Michael (2002): „Deutschland im September“. In: Dornbusch, Christian/Raabe, Jan (Hg.): „RechtsRock. Bestandsaufnahme und Gegenstrategien“. Münster: Unrast-Verlag, S. 51–89.

Weiss, Michael (2012): „Rebellion im Schützenclub. ‚Unpolitisch‘ als Totschlagargument“, *LOTTA – Antifaschistische Zeitung aus NRW, Rheinland-Pfalz und Hessen*, Nr. 47, S. 8–10.

Weiß, Volker (2017): „Die autoritäre Revolte. Die Neue Rechte und der Untergang des Abendlandes“. Stuttgart: Klett-Cotta Verlag.

Werner, Nico (2015): „Absolution“, *der rechte rand – Magazin von und für AntifaschistInnen*, Nr. 156, S. 28–29 (URL: www.der-rechte-rand.de/wp-content/uploads/drr-Ausgabe_156.pdf, zuletzt aufgerufen am 25.1.2018)

Wild, Anne (4.9.2016): „AfD-Wahlparty München: Angriff auf Pressefotografen durch Chris A. (Rapper ‚Deutscher Patriot‘)“ (URL: https://tinyurl.com/ycwpekvr, zuletzt aufgerufen am 25.1.2019)

Wildt, Michael (2017): „Volk, Volksgemeinschaft, AfD“. Hamburg: Hamburger Edition.

Zöller, Renate (2015): „Heimat. Annäherung an ein Gefühl“. Bonn: Bundeszentrale für politische Bildung.

Zudeick, Peter (2019): „Heimat. Volk. Vaterland. Eine Kampfansage an Rechts“. Frankfurt/M.: Westend Verlag.

Dank

> „Ich stress und streit in allen meinen Lebenslagen mit Menschen nah und fern und mit mir selbst als bestem Sparringspartner.“ (Spezial-K feat. MC Algun & Riva – „Tilt“, 2016)

Von Herzen möchte ich Britta für ihre Geduld und ihre liebevolle Unterstützung danken. In Berlin und Freiburg hat uns das Buch über Monate hinweg begleitet. Voller Freude blicke ich auf all die wunderbaren Erlebnisse zurück, die wir beide in dieser aufregenden Zeit hatten. Gleichzeitig blicke ich mit Dir nach vorne und freue mich auf alles, was kommt!

Meiner Familie möchte ich für den konsequenten Rückhalt danken. Das Lesen der Liedtexte, das Hören der Lieder und die vielen Ohrwürmer haben mir Geduld und Kraft abverlangt. Auf Eure Unterstützung zählen und mich stets an Euch wenden zu können, wenn ich Euren Rat brauche, ist ein einmaliges Gefühl. Ich schätze Euer Vertrauen sehr. Wir sind uns nahe – egal, wo wir uns befinden.

Ihr seid meine ganz persönliche Heimat. Ihr seid mein Zuhause, das ich unfassbar schätze.

Ausdrücklich möchte ich Tobi für die präzise Durchsicht meiner Texte danken. Deine detailreichen Anmerkungen waren eine Bereicherung für die einzelnen Kapitel. Darüber hinaus bin ich allen Menschen dankbar, mit denen ich mich über Politisches austausche. Eure Inspirationen sind in die Zeilen des Buches eingeflossen. Mein herzlicher Dank gilt außerdem Timo, der Amadeu Antonio Stiftung und dem Wochenschau Verlag. Über die Wertschätzung meiner Arbeit, die spontane Unterstützung und die reibungslose Zusammenarbeit habe ich mich sehr gefreut.

Freiburg/Berlin, 2018/19